Instructor's Guide
AlphaBet

Learning Vitamins® ᵢₒᵣ
Alphabetizing Skills and Use of Reference Materials
by
Edwin C. Myers, Ph.D.
Another Unit in the **Character and Competence® Series** of Educational Materials

Character, Competence, and Learning Vitamins

Character and competence are central goals of Christian child-rearing. *Character* springs from the context of one's creaturehood, moral condition, stewardship under God, and a right relationship to the Lord Jesus Christ. *Competence* includes both knowledge and know-how: knowledge of what is and what might be done, and the skill to make and do. Christian character provides the motivation to attain competence and to employ it in a life's work of eternal value, while competence makes possible the expression of Christian character in beautiful, productive ways.

As part of the Character and Competence Series of educational materials, Learning Vitamins® exercises are designed to help build character and competence in the maturing child through *brief, potent* drills designed for *daily use,* which *promote growth* in skills that are important for wise stewardship in God's world.

Learning Vitamins emphasize *operational skills mastery*, that is, the nuts-and-bolts *doing* of the things students learn about in texts and workbooks. The focus is on *bridging the gap between learning what to do and being able to do it well.* These supplements help sharpen skills until they become self-reinforcing: students see the benefits of their enhanced skills, and start using these skills on their own.

Learning Vitamins also provide a *biblical and moral frame of reference* for the subjects covered, by means of the Bible texts that appear on every exercise. As you draw attention to these texts and explore them with your students, they become powerful character-building tools.

We at The Providence Project aim to make Learning Vitamins the best and most reasonably priced exercises of their kind. Please pass along to us any comments or suggestions which occur to you as you use these materials. We want them to be everything you're hoping for.

-- Edwin C. Myers

A Note on Copying these Materials

For further details on these and other materials from The Providence Project, please see the Order Form enclosed with this unit, or contact } The Providence Project
14566 NW 110th St. Whitewater, KS 67154
Telephone toll free: 1–888–776–8776

   AlphaBetter *Instructor's Guide*

AlphaBetter: What It Is

AlphaBetter® includes sixteen one-page Levels of timed Learning Vitamins drills. The carefully sequenced Levels help unlock alphabetically arranged information for young learners. One set of AlphaBetter contains 12 pages each of Levels 1 through 16, for a total of 192 exercise pages. The student repeats a given Level each day until he achieves sufficient accuracy and speed (See the "How to Use It" section of this Guide for further details). Students often advance one Level about every two weeks. Thus, each AlphaBetter set carries the average student through a full school year, and provides extra exercise copies for times of slower-than-usual progress. The following features make the AlphaBetter drills even more useful and effective:

• **Quality paper**--The pages don't "dissolve" under the pressure of a youngster's pencil eraser.
• **Motivational nuances**--New colors and graphics on successive Levels encourage rapid student progress, and add beauty and variety to these materials.
• **QuicKeys®**--These clever grading keys make scoring the exercise Levels much faster and easier than using conventional keys.
• **Instructor's Guide**--The Guide provides information, guidelines, and suggestions for using the supplements most effectively.
• **Bible texts**--The Bible texts printed on each page place the skills being learned within a biblical, moral, and character-building frame of reference.
• **Achievement Record**--The AlphaBetter Achievement Record provides added student motivation and a convenient means of recording student progress.

AlphaBetter: Its Objective

The objective of AlphaBetter is to enable the student to quickly and easily locate information which is arranged alphabetically.

By "quickly and easily" we mean, for example, that when the student needs to know whether Q comes before T (Does Quigley come before Thompson in the telephone directory?), he does not have to sing the entire "Alphabet Song" to find the answer. In fact, he shouldn't have to *find* the answer at all; he should *know* the answer instantly, just as he knows that 9 comes before 10.

It's obvious that many benefits attend such mastery of the alphabet. Using dictionaries, indices, reference or library materials, and phone books is no longer a time-consuming, dreaded ordeal that discourages one from looking up definitions, medical information, or whatever one needs to know to be more knowledgeable and capable. Your students will benefit for years to come by having the alphabet as an aid--not an obstacle--to finding information.

The AlphaBetter exercises first divide the alphabet into 8 overlapping groups of 5 letters each. Students learn these groups thoroughly and thus attain a skill level where they need not "back up" more than 3 letters to find their place in the alphabet--a real improvement over the "Alphabet Song." The exercises next focus on rapid recall of the relative position of any letter with respect to all other letters in the alphabet. This is followed by drills in alphabetizing letter groups and word lists, and finally by exercises relating to actual reference book format.

AlphaBetter: Who Should Use It

AlphaBetter is a skills-oriented supplement set. Students starting AlphaBetter should be familiar with the "Alphabet Song" or a similar means of repeating the alphabet in order. They should also have reasonable facility in cursive penmanship. Other than this, AlphaBetter is grade-level independent. It should be used by students from about Grade 3 through high school and adult--by anyone who can benefit from improved alphabet skills. It may be used in classroom, tutorial, and self-supervised learning situations, as needs require.

About the Author: A science consultant, educator, and musician, Edwin C. Myers holds the M.A. from Dallas Theological Seminary and the Ph.D. from Carnegie-Mellon University. In addition to authoring the *AlphaBetter®, CalcuLadder®,* and (with Mrs. Myers) *ReadyWriter®* Learning Vitamins, Dr. Myers' credits include the design of instruments on NASA Voyager space probes, publications in the fields of optics, magnetics, and geophysics, and a short cantata, *The Road to Emmaus.* Dr. and Mrs. Myers are the grateful parents of twelve home-schooled children.

AlphaBetter: How to Use It

- **Use it every day.** To achieve the desired results, it's very important that students take their Learning Vitamins every normal school day. Though circumstances will require occasional skipped days, these exercises should be part of your class's regular routine. For maximum benefit, you should administer these materials during a part of the class period or day in which your students are alert and not drowsy.

- **Use it along with your regular curriculum materials.** Texts and workbooks provide important background, examples, and applications. To achieve real competence, students need *both* information and initial practice such as texts provide, *and* performance drills like AlphaBetter.

- **Use it sensitively.** Be sensitive to student emotions and classroom dynamics as you use AlphaBetter, so as to promote an optimum mix of fun, competition, desire, love, and humility, with a minimum of trauma.

- **Use it in a somewhat formal setting.** Although taking Learning Vitamins should be fun and motivational, students should understand that they are expected to perform at their best. The drills are, if you will, brief tests, and should be approached soberly. Do not tolerate talking or distracting behavior during the exercise time.

- **Use each Level as a stepping stone to higher Levels.** A "time goal" is printed at the bottom of every AlphaBetter Level. To "graduate" from one Level to the next, students try each day to complete their Level correctly in a time equal to or faster than the time goal. It should be possible for many students to move up one Level approximately every 2 weeks. However, if students find it difficult to meet the time goal within 10 to 12 tries, feel free to allow about 10-15 extra seconds per minute of suggested time (e.g., allow 4 minutes and 40 seconds to complete a "4-minute" Level). While students should be motivated to gain as much speed as possible, some flexibility is clearly permissible. Additionally, a "one error allowed" criterion may sometimes be used.

- **Use a procedure something like this.** As a lead-up to each day's Learning Vitamins, "prime" your students to do their best by asking a few questions or discussing a few examples relating to the Levels they'll be doing. This need take only a few minutes. Then say something like, "Now it's time for our Learning Vitamins. Please clear off all extra materials from your desk(s) and take out a pencil." Students should fold their Learning Vitamins books over so that only one page is facing up, and should cover that page with a sheet of paper until you say, "On your mark. Get set. Go!" Give the "Go!" signal about 3 seconds before the commencement of the timing interval, so that students have time to remove the cover sheet from their exercise. When a student finishes, he should lay his pencil down and quietly say "Finished," or "Done." Note the student's time on his paper. You may be able to let some students time themselves.

- **Use the QuicKeys® and the Achievement Record.** Grade your students' papers using the fast and simple QuicKey grading keys. Read and follow the directions on each QuicKey, and write your students' scores on their papers. (Some students may be able to grade their own work.) When your students pass a Level, recognize their accomplishment by calling them to the front of the class as you fill out the appropriate blanks of the Achievement Record at the back of this unit.

- **Use the exercises completely.** If a student passes a Level after only 3 or 4 tries, encourage him to repeat the level a few more times to see how fast he can really go. It's well within the capability of older students to better the nominal time goals by a minute or more–and beneficial for them as well! It's also fun and beneficial for students occasionally to review a Level which they have previously passed, just to see how easily they can complete it, and to keep their skills sharp. They can even try to set "world's records"!

- **Use the Bible texts.** The Bible texts printed on the Learning Vitamins Levels show that the subjects which these drills deal with are worth learning because the Bible deals with those same subjects. The texts also often enunciate moral guidelines and principles. Sometimes successive Levels round out a single scriptural thought. Draw your students' attention to the verses. Read them aloud. Explain. Ask questions like, "Who said this?", "When did this happen?", "What does this mean?". Consider using some of the texts as memory verses. These verses should help build our character as well as that of our students.

AlphaBetter: The 16 Levels

Note: You may wish to work through each Level yourself (on a separate sheet of paper, and maybe timing yourself!) to gain greater familiarity with the AlphaBetter exercises.

All of the AlphaBetter Levels have a time goal of 4 minutes. Here are specifics of the Levels:

• Levels 1-4   Letter Groups

These Levels cover 8 overlapping groups of five letters each, which together span the entire alphabet. Level 1 introduces the letter groups **a b c d e**, **d e f g h**, **g h i j k**, and **j k l m n**. Level 2 introduces the groups **m n o p q** and **p q r s t**, and reviews the groups from Level 1. Level 3 introduces the groups **s t u v w** and **v w x y z**, and reviews the groups from Levels 1 and 2. Level 4 reviews and provides additional speed drill for all the letter groups. The purpose of these four Levels is to wean students away from having to recite the alphabet from the beginning every time a need to determine alphabetical order comes up. In fact, by mastering these overlapping groups students need not "back up" more than 3 letters to find their place anywhere in the alphabet. This in itself is a significant improvement in alphabet skills for most students.

Levels 1 and 2 have 84 answers. Level 3 has 92 answers. Level 4 has 100 answers.

• Levels 5-6   Next Letter/Preceding Letter

These Levels finish the "weaning" process of earlier Levels. They give single-letter prompts for which students supply the next letter in the alphabet (Level 5), or the preceding letter (Level 6).

Level 5 has 100 answers. Level 6 has 96 answers.

• Levels 7-8   Relative Alphabetical Position

Levels 7 and 8 help students to rapidly recognize which of two different letters comes nearer the beginning of the alphabet, without having to recite the intervening letters--an important skill.

Level 7 has 88 answers. Level 8 has 100 answers.

• Levels 9-12   Alphabetizing Letter Groups

These Levels help students gain understanding and speed in the *procedural aspects* of alphabetical ordering. Levels 9, 10, and 11, respectively, display pairs of two-letter, three-letter, and four-letter groups. Students indicate which pair member comes first in alphabetical order. In Level 12 students determine the alphabetical order of "trios" or "triples" of letter groups. Be sure to explain the instructions for Levels 9, 10, and 11 carefully, giving some examples. In expanded form, the instructions run something like this: Look at the first letter of each group in a pair. If the letters *ARE* different, put an "X" after the group whose first letter comes earlier in the alphabet. If the first letters *ARE NOT* different, then look at the second letter in each group. If these letters are different, put an "X" after the group whose second letter comes earlier in the alphabet. If the second letters are the same, then look at the third letter in each group, and so on. Tell your students that in this way they are finding which group comes first in alphabetical order.

Levels 9 and 10 have 75 answers. Level 11 has 70 answers. Level 12 has 96 answers.

• Levels 13-14   Alphabetizing Word Lists

These Levels give practice in alphabetizing lists of words. They also teach the valuable procedure of organizing word lists into sub-lists of words starting with the same letter, and then alphabetizing these smaller sub-lists. In addition, they provide examples of such fine points as why "unit" comes before "united." (When two words are the same except that one of the words has "extra" letters, the shorter word comes first.) **Note:** Read the QuicKeys for these Levels thoroughly.

Level 13 has 40 answers. Level 14 has 38 answers.

• Levels 15-16   Reference Book Format

These two Levels are arranged a bit like mock dictionary pages. They thus promote skill in using the **key word** format found in dictionaries, encyclopedias, and reference books of all kinds. The two Levels are complements of each other: In Level 15 students cull out words which do not belong under a single given set of key words, while in Level 16 students properly place words under several given sets of key words. **Note:** Read the QuicKeys for these Levels thoroughly.

Level 15 has 50 answers. Level 16 has 24 answers.

Fill in the letter that comes next:

a __	d e f __	j k l m __	d e f __
a b __	d __	j __	g h __
a b c __	d e f g __	j k l __	g h i j __
a b c d __	d e __	j k __	j k l __
a __	d __	j k l m __	j __
a b c __	g __	j k l __	g h __
a b __	g h __	j __	d e f __
a b c d __	g h i __	j k l m __	a b c d __
a b c __	g h i j __	j k __	j k __
a __	g __	j __	g h i __
a b c d __	g h i __	a __	d e f g __
a b __	g h __	a b c __	a __
a __	g h i j __	d e __	j k l __
d __	g h i __	d e f g __	g h i j __
d e __	g __	g __	d __
d e f __	g h i j __	g h i __	a b __
d e f g __	g h __	j k __	j k l m __
d __	g __	j k l m __	g __
d e f __	j __	a b __	d e __
d e __	j k __	a b c d __	a b c __
d e f g __	j k l __	d __	j __

I am Alpha and Omega, the beginning and the end, the first and the last. Rev. 22:13

© Edwin C. Myers 1985,1989   **AlphaBetter®**   Level 1: Letter Groups   4 minutes

Name_____

Date_____

Fill in the letter that comes next:

a ___	d e f ___	j k l m ___	d e f ___
a b ___	d ___	j ___	g h ___
a b c ___	d e f g ___	j k l ___	g h i j ___
a b c d ___	d e ___	j k ___	j k l ___
a ___	d ___	j k l m ___	j ___
a b c ___	g ___	j k l ___	g h ___
a b ___	g h ___	j ___	d e f ___
a b c d ___	g h i ___	j k l m ___	a b c d ___
a b c ___	g h i j ___	j k ___	j k ___
a ___	g ___	j ___	g h i ___
a b c d ___	g h i ___	a ___	d e f g ___
a b ___	g h ___	a b c ___	a ___
a ___	g h i j ___	d e ___	j k l ___
d ___	g h i ___	d e f g ___	g h i j ___
d e ___	g ___	g ___	d ___
d e f ___	g h i j ___	g h i ___	a b ___
d e f g ___	g h ___	j k ___	j k l m ___
d ___	g ___	j k l m ___	g ___
d e f ___	j ___	a b ___	d e ___
d e ___	j k ___	a b c d ___	a b c ___
d e f g ___	j k l ___	d ___	j ___

I am Alpha and Omega, the beginning and the end, the first and the last. Rev. 22:13

© Edwin C. Myers 1985,1989   **AlphaBetter**®   Level 1: Letter Groups   4 minutes

Name_____

Date_____

Fill in the letter that comes next:

a ___	d e f ___	j k l m ___	d e f ___
a b ___	d ___	j ___	g h ___
a b c ___	d e f g ___	j k l ___	g h i j ___
a b c d ___	d e ___	j k ___	j k l ___
a ___	d ___	j k l m ___	j ___
a b c ___	g ___	j k l ___	g h ___
a b ___	g h ___	j ___	d e f ___
a b c d ___	g h i ___	j k l m ___	a b c d ___
a b c ___	g h i j ___	j k ___	j k ___
a ___	g ___	j ___	g h i ___
a b c d ___	g h i ___	a ___	d e f g ___
a b ___	g h ___	a b c ___	a ___
a ___	g h i j ___	d e ___	j k l ___
d ___	g h i ___	d e f g ___	g h i j ___
d e ___	g ___	g ___	d ___
d e f ___	g h i j ___	g h i ___	a b ___
d e f g ___	g h ___	j k ___	j k l m ___
d ___	g ___	j k l m ___	g ___
d e f ___	j ___	a b ___	d e ___
d e ___	j k ___	a b c d ___	a b c ___
d e f g ___	j k l ___	d ___	j ___

I am Alpha and Omega, the beginning and the end, the first and the last.   Rev. 22:13

Name_____

Date_____

Fill in the letter that comes next:

a __	d e f __	j k l m __	d e f __
a b __	d __	j __	g h __
a b c __	d e f g __	j k l __	g h i j __
a b c d __	d e __	j k __	j k l __
a __	d __	j k l m __	j __
a b c __	g __	j k l __	g h __
a b __	g h __	j __	d e f __
a b c d __	g h i __	j k l m __	a b c d __
a b c __	g h i j __	j k __	j k __
a __	g __	j __	g h i __
a b c d __	g h i __	a __	d e f g __
a b __	g h __	a b c __	a __
a __	g h i j __	d e __	j k l __
d __	g h i __	d e f g __	g h i j __
d e __	g __	g __	d __
d e f __	g h i j __	g h i __	a b __
d e f g __	g h __	j k __	j k l m __
d __	g __	j k l m __	g __
d e f __	j __	a b __	d e __
d e __	j k __	a b c d __	a b c __
d e f g __	j k l __	d __	j __

I am Alpha and Omega, the beginning and the end, the first and the last.   Rev. 22:13

Name_____

Date_____

Fill in the letter that comes next:

a ___	d e f ___	j k l m ___	d e f ___
a b ___	d ___	j ___	g h ___
a b c ___	d e f g ___	j k l ___	g h i j ___
a b c d ___	d e ___	j k ___	j k l ___
a ___	d ___	j k l m ___	j ___
a b c ___	g ___	j k l ___	g h ___
a b ___	g h ___	j ___	d e f ___
a b c d ___	g h i ___	j k l m ___	a b c d ___
a b c ___	g h i j ___	j k ___	j k ___
a ___	g ___	j ___	g h i ___
a b c d ___	g h i ___	a ___	d e f g ___
a b ___	g h ___	a b c ___	a ___
a ___	g h i j ___	d e ___	j k l ___
d ___	g h i ___	d e f g ___	g h i j ___
d e ___	g ___	g ___	d ___
d e f ___	g h i j ___	g h i ___	a b ___
d e f g ___	g h ___	j k ___	j k l m ___
d ___	g ___	j k l m ___	g ___
d e f ___	j ___	a b ___	d e ___
d e ___	j k ___	a b c d ___	a b c ___
d e f g ___	j k l ___	d ___	j ___

I am Alpha and Omega, the beginning and the end, the first and the last.   Rev. 22:13

© Edwin C. Myers 1985,1989   **AlphaBetter**®   Level 1:   Letter Groups   4 minutes

Name_____

Date_____

Fill in the letter that comes next:

a ___	d e f ___	j k l m ___	d e f ___
a b ___	d ___	j ___	g h ___
a b c ___	d e f g ___	j k l ___	g h i j ___
a b c d ___	d e ___	j k ___	j k l ___
a ___	d ___	j k l m ___	j ___
a b c ___	g ___	j k l ___	g h ___
a b ___	g h ___	j ___	d e f ___
a b c d ___	g h i ___	j k l m ___	a b c d ___
a b c ___	g h i j ___	j k ___	j k ___
a ___	g ___	j ___	g h i ___
a b c d ___	g h i ___	a ___	d e f g ___
a b ___	g h ___	a b c ___	a ___
a ___	g h i j ___	d e ___	j k l ___
d ___	g h i ___	d e f g ___	g h i j ___
d e ___	g ___	g ___	d ___
d e f ___	g h i j ___	g h i ___	a b ___
d e f g ___	g h ___	j k ___	j k l m ___
d ___	g ___	j k l m ___	g ___
d e f ___	j ___	a b ___	d e ___
d e ___	j k ___	a b c d ___	a b c ___
d e f g ___	j k l ___	d ___	j ___

I am Alpha and Omega, the beginning and the end, the first and the last. Rev. 22:13

Name_____

Date_____

Fill in the letter that comes next:

a ___	d e f ___	j k l m ___	d e f ___
a b ___	d ___	j ___	g h ___
a b c ___	d e f g ___	j k l ___	g h i j ___
a b c d ___	d e ___	j k ___	j k l ___
a ___	d ___	j k l m ___	j ___
a b c ___	g ___	j k l ___	g h ___
a b ___	g h ___	j ___	d e f ___
a b c d ___	g h i ___	j k l m ___	a b c d ___
a b c ___	g h i j ___	j k ___	j k ___
a ___	g ___	j ___	g h i ___
a b c d ___	g h i ___	a ___	d e f g ___
a b ___	g h ___	a b c ___	a ___
a ___	g h i j ___	d e ___	j k l ___
d ___	g h i ___	d e f g ___	g h i j ___
d e ___	g ___	g ___	d ___
d e f ___	g h i j ___	g h i ___	a b ___
d e f g ___	g h ___	j k ___	j k l m ___
d ___	g ___	j k l m ___	g ___
d e f ___	j ___	a b ___	d e ___
d e ___	j k ___	a b c d ___	a b c ___
d e f g ___	j k l ___	d ___	j ___

I am Alpha and Omega, the beginning and the end, the first and the last.   Rev. 22:13

© Edwin C. Myers 1985,1989   **AlphaBetter**®   Level 1:   Letter Groups   4 minutes

Name_____

Date_____

Fill in the letter that comes next:

a __	d e f __	j k l m __	d e f __
a b __	d __	j __	g h __
a b c __	d e f g __	j k l __	g h i j __
a b c d __	d e __	j k __	j k l __
a __	d __	j k l m __	j __
a b c __	g __	j k l __	g h __
a b __	g h __	j __	d e f __
a b c d __	g h i __	j k l m __	a b c d __
a b c __	g h i j __	j k __	j k __
a __	g __	j __	g h i __
a b c d __	g h i __	a __	d e f g __
a b __	g h __	a b c __	a __
a __	g h i j __	d e __	j k l __
d __	g h i __	d e f g __	g h i j __
d e __	g __	g __	d __
d e f __	g h i j __	g h i __	a b __
d e f g __	g h __	j k __	j k l m __
d __	g __	j k l m __	g __
d e f __	j __	a b __	d e __
d e __	j k __	a b c d __	a b c __
d e f g __	j k l __	d __	j __

I am Alpha and Omega, the beginning and the end, the first and the last. Rev. 22:13

© Edwin C. Myers 1985,1989   **AlphaBetter**®   Level 1: Letter Groups   4 minutes

Name_____

Date_____

Fill in the letter that comes next:

a ___	d e f ___	j k l m ___	d e f ___
a b ___	d ___	j ___	g h ___
a b c ___	d e f g ___	j k l ___	g h i j ___
a b c d ___	d e ___	j k ___	j k l ___
a ___	d ___	j k l m ___	j ___
a b c ___	g ___	j k l ___	g h ___
a b ___	g h ___	j ___	d e f ___
a b c d ___	g h i ___	j k l m ___	a b c d ___
a b c ___	g h i j ___	j k ___	j k ___
a ___	g ___	j ___	g h i ___
a b c d ___	g h i ___	a ___	d e f g ___
a b ___	g h ___	a b c ___	a ___
a ___	g h i j ___	d e ___	j k l ___
d ___	g h i ___	d e f g ___	g h i j ___
d e ___	g ___	g ___	d ___
d e f ___	g h i j ___	g h i ___	a b ___
d e f g ___	g h ___	j k ___	j k l m ___
d ___	g ___	j k l m ___	g ___
d e f ___	j ___	a b ___	d e ___
d e ___	j k ___	a b c d ___	a b c ___
d e f g ___	j k l ___	d ___	j ___

I am Alpha and Omega, the beginning and the end, the first and the last.   Rev. 22:13

AlphaBetter®   Level 1: Letter Groups   4 minutes

Name_____

Date_____

Fill in the letter that comes next:

a __	d e f __	j k l m __	d e f __
a b __	d __	j __	g h __
a b c __	d e f g __	j k l __	g h i j __
a b c d __	d e __	j k __	j k l __
a __	d __	j k l m __	j __
a b c __	g __	j k l __	g h __
a b __	g h __	j __	d e f __
a b c d __	g h i __	j k l m __	a b c d __
a b c __	g h i j __	j k __	j k __
a __	g __	j __	g h i __
a b c d __	g h i __	a __	d e f g __
a b __	g h __	a b c __	a __
a __	g h i j __	d e __	j k l __
d __	g h i __	d e f g __	g h i j __
d e __	g __	g __	d __
d e f __	g h i j __	g h i __	a b __
d e f g __	g h __	j k __	j k l m __
d __	g __	j k l m __	g __
d e f __	j __	a b __	d e __
d e __	j k __	a b c d __	a b c __
d e f g __	j k l __	d __	j __

I am Alpha and Omega, the beginning and the end, the first and the last. Rev. 22:13

© Edwin C. Myers 1985,1989   **AlphaBetter**®   Level 1: Letter Groups   4 minutes

Name_____
Date_____

Fill in the letter that comes next:

m __	p q r __	p q __	d e f g __
m n __	p __	m __	g h __
m n o __	p q r s __	p __	g h i j __
m n o p __	p q __	m n __	j k __
m __	p __	p q __	j k l m __
m n o __	m __	m n o __	a __
m n __	m n o __	p q r __	d e __
m n o p __	p q __	m n o p __	g h i __
m n o __	p q r s __	p q r s __	j k l m __
m __	m n __	m n o __	a b __
m n o p __	p __	a __	d e f __
m n __	m n o p __	a b c __	g h i j __
m __	p q r __	d __	j __
p __	m n o p __	d e f __	a b c __
p q __	p q r s __	g __	d e f g __
p q r __	m n o __	g h i __	g __
p q r s __	p __	j __	j k __
p __	p q r __	j k l __	a b c d __
p q r __	m n __	a b __	d __
p q __	m __	a b c d __	g h __
p q r s __	p q r __	d e __	j k l __

Let all things be done decently and in order.   1 Cor. 14:40

Name_____

Date_____

Fill in the letter that comes next:

m ___	p q r ___	p q ___	d e f g ___
m n ___	p ___	m ___	g h ___
m n o ___	p q r s ___	p ___	g h i j ___
m n o p ___	p q ___	m n ___	j k ___
m ___	p ___	p q ___	j k l m ___
m n o ___	m ___	m n o ___	a ___
m n ___	m n o ___	p q r ___	d e ___
m n o p ___	p q ___	m n o p ___	g h i ___
m n o ___	p q r s ___	p q r s ___	j k l m ___
m ___	m n ___	m n o ___	a b ___
m n o p ___	p ___	a ___	d e f ___
m n ___	m n o p ___	a b c ___	g h i j ___
m ___	p q r ___	d ___	j ___
p ___	m n o p ___	d e f ___	a b c ___
p q ___	p q r s ___	g ___	d e f g ___
p q r ___	m n o ___	g h i ___	g ___
p q r s ___	p ___	j ___	j k ___
p ___	p q r ___	j k l ___	a b c d ___
p q r ___	m n ___	a b ___	d ___
p q ___	m ___	a b c d ___	g h ___
p q r s ___	p q r ___	d e ___	j k l ___

Let all things be done decently and in order. 1 Cor. 14:40

© Edwin C. Myers 1985,1989   **AlphaBetter**®   Level 2: Letter Groups   4 minutes

Fill in the letter that comes next:

m ___	p q r ___	p q ___	d e f g ___
m n ___	p ___	m ___	g h ___
m n o ___	p q r s ___	p ___	g h i j ___
m n o p ___	p q ___	m n ___	j k ___
m ___	p ___	p q ___	j k l m ___
m n o ___	m ___	m n o ___	a ___
m n ___	m n o ___	p q r ___	d e ___
m n o p ___	p q ___	m n o p ___	g h i ___
m n o ___	p q r s ___	p q r s ___	j k l m ___
m ___	m n ___	m n o ___	a b ___
m n o p ___	p ___	a ___	d e f ___
m n ___	m n o p ___	a b c ___	g h i j ___
m ___	p q r ___	d ___	j ___
p ___	m n o p ___	d e f ___	a b c ___
p q ___	p q r s ___	g ___	d e f g ___
p q r ___	m n o ___	g h i ___	g ___
p q r s ___	p ___	j ___	j k ___
p ___	p q r ___	j k l ___	a b c d ___
p q r ___	m n ___	a b ___	d ___
p q ___	m ___	a b c d ___	g h ___
p q r s ___	p q r ___	d e ___	j k l ___

Let all things be done decently and in order.   1 Cor. 14:40

© Edwin C. Myers 1985, 1989   **AlphaBetter**®   Level 2: Letter Groups   4 minutes

Name_____

Date_____

Fill in the letter that comes next:

m___	p q r___	p q___	d e f g___
m n___	p___	m___	g h___
m n o___	p q r s___	p___	g h i j___
m n o p___	p q___	m n___	j k___
m___	p___	p q___	j k l m___
m n o___	m___	m n o___	a___
m n___	m n o___	p q r___	d e___
m n o p___	p q___	m n o p___	g h i___
m n o___	p q r s___	p q r s___	j k l m___
m___	m n___	m n o___	a b___
m n o p___	p___	a___	d e f___
m n___	m n o p___	a b c___	g h i j___
m___	p q r___	d___	j___
p___	m n o p___	d e f___	a b c___
p q___	p q r s___	g___	d e f g___
p q r___	m n o___	g h i___	g___
p q r s___	p___	j___	j k___
p___	p q r___	j k l___	a b c d___
p q r___	m n___	a b___	d___
p q___	m___	a b c d___	g h___
p q r s___	p q r___	d e___	j k l___

Let all things be done decently and in order.   1 Cor. 14:40

Name_____

Date_____

Fill in the letter that comes next:

m ___	p q r ___	p q ___	d e f g ___
m n ___	p ___	m ___	g h ___
m n o ___	p q r s ___	p ___	g h i j ___
m n o p ___	p q ___	m n ___	j k ___
m ___	p ___	p q ___	j k l m ___
m n o ___	m ___	m n o ___	a ___
m n ___	m n o ___	p q r ___	d e ___
m n o p ___	p q ___	m n o p ___	g h i ___
m n o ___	p q r s ___	p q r s ___	j k l m ___
m ___	m n ___	m n o ___	a b ___
m n o p ___	p ___	a ___	d e f ___
m n ___	m n o p ___	a b c ___	g h i j ___
m ___	p q r ___	d ___	j ___
p ___	m n o p ___	d e f ___	a b c ___
p q ___	p q r s ___	g ___	d e f g ___
p q r ___	m n o ___	g h i ___	g ___
p q r s ___	p ___	j ___	j k ___
p ___	p q r ___	j k l ___	a b c d ___
p q r ___	m n ___	a b ___	d ___
p q ___	m ___	a b c d ___	g h ___
p q r s ___	p q r ___	d e ___	j k l ___

Let all things be done decently and in order.   1 Cor. 14:40

© Edwin C. Myers 1985,1989   **AlphaBetter**®   Level 2: Letter Groups   4 minutes

Name_____

Date_____

Fill in the letter that comes next:

m ___	p q r ___	p q ___	d e f g ___
m n ___	p ___	m ___	g h ___
m n o ___	p q r s ___	p ___	g h i j ___
m n o p ___	p q ___	m n ___	j k ___
m ___	p ___	p q ___	j k l m ___
m n o ___	m ___	m n o ___	a ___
m n ___	m n o ___	p q r ___	d e ___
m n o p ___	p q ___	m n o p ___	g h i ___
m n o ___	p q r s ___	p q r s ___	j k l m ___
m ___	m n ___	m n o ___	a b ___
m n o p ___	p ___	a ___	d e f ___
m n ___	m n o p ___	a b c ___	g h i j ___
m ___	p q r ___	d ___	j ___
p ___	m n o p ___	d e f ___	a b c ___
p q ___	p q r s ___	g ___	d e f g ___
p q r ___	m n o ___	g h i ___	g ___
p q r s ___	p ___	j ___	j k ___
p ___	p q r ___	j k l ___	a b c d ___
p q r ___	m n ___	a b ___	d ___
p q ___	m ___	a b c d ___	g h ___
p q r s ___	p q r ___	d e ___	j k l ___

Let all things be done decently and in order.   1 Cor. 14:40

Name_____

Date_____

Fill in the letter that comes next:

m ___	p q r ___	p q ___	d e f g ___
m n ___	p ___	m ___	g h ___
m n o ___	p q r s ___	p ___	g h i j ___
m n o p ___	p q ___	m n ___	j k ___
m ___	p ___	p q ___	j k l m ___
m n o ___	m ___	m n o ___	a ___
m n ___	m n o ___	p q r ___	d e ___
m n o p ___	p q ___	m n o p ___	g h i ___
m n o ___	p q r s ___	p q r s ___	j k l m ___
m ___	m n ___	m n o ___	a b ___
m n o p ___	p ___	a ___	d e f ___
m n ___	m n o p ___	a b c ___	g h i j ___
m ___	p q r ___	d ___	j ___
p ___	m n o p ___	d e f ___	a b c ___
p q ___	p q r s ___	g ___	d e f g ___
p q r ___	m n o ___	g h i ___	g ___
p q r s ___	p ___	j ___	j k ___
p ___	p q r ___	j k l ___	a b c d ___
p q r ___	m n ___	a b ___	d ___
p q ___	m ___	a b c d ___	g h ___
p q r s ___	p q r ___	d e ___	j k l ___

Let all things be done decently and in order.   1 Cor. 14:40

Name_____

Date_____

Fill in the letter that comes next:

m ___	p q r ___	p q ___	d e f g ___
m n ___	p ___	m ___	g h ___
m n o ___	p q r s ___	p ___	g h i j ___
m n o p ___	p q ___	m n ___	j k ___
m ___	p ___	p q ___	j k l m ___
m n o ___	m ___	m n o ___	a ___
m n ___	m n o ___	p q r ___	d e ___
m n o p ___	p q ___	m n o p ___	g h i ___
m n o ___	p q r s ___	p q r s ___	j k l m ___
m ___	m n ___	m n o ___	a b ___
m n o p ___	p ___	a ___	d e f ___
m n ___	m n o p ___	a b c ___	g h i j ___
m ___	p q r ___	d ___	j ___
p ___	m n o p ___	d e f ___	a b c ___
p q ___	p q r s ___	g ___	d e f g ___
p q r ___	m n o ___	g h i ___	g ___
p q r s ___	p ___	j ___	j k ___
p ___	p q r ___	j k l ___	a b c d ___
p q r ___	m n ___	a b ___	d ___
p q ___	m ___	a b c d ___	g h ___
p q r s ___	p q r ___	d e ___	j k l ___

Let all things be done decently and in order. 1 Cor. 14:40

Name_____

Date_____

Fill in the letter that comes next:

m __	p q r __	p q __	d e f g __
m n __	p __	m __	g h __
m n o __	p q r s __	p __	g h i j __
m n o p __	p q __	m n __	j k __
m __	p __	p q __	j k l m __
m n o __	m __	m n o __	a __
m n __	m n o __	p q r __	d e __
m n o p __	p q __	m n o p __	g h i __
m n o __	p q r s __	p q r s __	j k l m __
m __	m n __	m n o __	a b __
m n o p __	p __	a __	d e f __
m n __	m n o p __	a b c __	g h i j __
m __	p q r __	d __	j __
p __	m n o p __	d e f __	a b c __
p q __	p q r s __	g __	d e f g __
p q r __	m n o __	g h i __	g __
p q r s __	p __	j __	j k __
p __	p q r __	j k l __	a b c d __
p q r __	m n __	a b __	d __
p q __	m __	a b c d __	g h __
p q r s __	p q r __	d e __	j k l __

Let all things be done decently and in order.   1 Cor. 14:40

Name_____

Date_____

Fill in the letter that comes next:

m __	p q r __	p q __	d e f g __
m n __	p __	m __	g h __
m n o __	p q r s __	p __	g h i j __
m n o p __	p q __	m n __	j k __
m __	p __	p q __	j k l m __
m n o __	m __	m n o __	a __
m n __	m n o __	p q r __	d e __
m n o p __	p q __	m n o p __	g h i __
m n o __	p q r s __	p q r s __	j k l m __
m __	m n __	m n o __	a b __
m n o p __	p __	a __	d e f __
m n __	m n o p __	a b c __	g h i j __
m __	p q r __	d __	j __
p __	m n o p __	d e f __	a b c __
p q __	p q r s __	g __	d e f g __
p q r __	m n o __	g h i __	g __
p q r s __	p __	j __	j k __
p __	p q r __	j k l __	a b c d __
p q r __	m n __	a b __	d __
p q __	m __	a b c d __	g h __
p q r s __	p q r __	d e __	j k l __

Let all things be done decently and in order.   1 Cor. 14:40

Name_____

Date_____

Fill in the letter that comes next:

s ___	v w x y ___	s t u ___	d ___
s t ___	v w ___	v w x ___	a b ___
s t u ___	v ___	s t u v ___	p q ___
s t u v ___	s ___	v w x y ___	m n o ___
s ___	s t u ___	. m ___	j k l m ___
s t u ___	v w ___	m n o ___	g ___
s t ___	v w x y ___	p ___	d e ___
s t u v ___	s t ___	p q r ___	a b c ___
s t u ___	s t u v ___.	m n ___	p q r ___
s ___	v ___	m n o p ___	m n o p ___
s t u v ___	v w x ___	p q ___	j ___
s t ___	s t u v ___	p q r s ___	g h ___
s ___	v w x ___	. m ___	d e f ___
v ___	s t u ___	p q ___	a b c d ___
v w ___	v ___	m n ___	p q r s ___
v w x ___	v w x y ___	p q r ___	m ___
v w x y ___	s t ___	m n o ___	j k ___
v ___	s ___	p q r s ___	g h i ___
v w x ___	v w ___	m n o p ___	d e f g ___
v w ___	s ___	p ___	a ___
v w x y ___	v ___	m n ___	s t ___
v w x ___	s t ___	j k l ___	p ___
v ___	v w ___	g h i j ___	j k ___

And the rest will I set in order when I come.   1 Cor. 11:34

© Edwin C. Myers 1985,1989   **AlphaBetter**®   Level 3: Letter Groups   4 minutes

Name_____

Date_____

Fill in the letter that comes next:

s ___	v w x y ___	s t u ___	d ___
s t ___	v w ___	v w x ___	a b ___
s t u ___	v ___	s t u v ___	p q ___
s t u v ___	s ___	v w x y ___	m n o ___
s ___	s t u ___	m ___	j k l m ___
s t u ___	v w ___	m n o ___	g ___
s t ___	v w x y ___	p ___	d e ___
s t u v ___	s t ___	p q r ___	a b c ___
s t u ___	s t u v ___	m n ___	p q r ___
s ___	v ___	m n o p ___	m n o p ___
s t u v ___	v w x ___	p q ___	j ___
s t ___	s t u v ___	p q r s ___	g h ___
s ___	v w x ___	m ___	d e f ___
v ___	s t u ___	p q ___	a b c d ___
v w ___	v ___	m n ___	p q r s ___
v w x ___	v w x y ___	p q r ___	m ___
v w x y ___	s t ___	m n o ___	j k ___
v ___	s ___	p q r s ___	g h i ___
v w x ___	v w ___	m n o p ___	d e f g ___
v w ___	s ___	p ___	a ___
v w x y ___	v ___	m n ___	s t ___
v w x ___	s t ___	j k l ___	p ___
v ___	v w ___	g h i j ___	j k ___

And the rest will I set in order when I come. 1 Cor. 11:34

AlphaBetter® Level 3: Letter Groups 4 minutes

Fill in the letter that comes next:

s __	v w x y __	s t u __	d __
s t __	v w __	v w x __	a b __
s t u __	v __	s t u v __	p q __
s t u v __	s __	v w x y __	m n o __
s __	s t u __	. m __	j k l m __
s t u __	v w __	m n o __	g __
s t __	v w x y __	p __	d e __
s t u v __	s t __	p q r __	a b c __
s t u __	s t u v __.	m n __	p q r __
s __	v __	m n o p __	m n o p __
s t u v __	v w x __	p q __	j __
s t __	s t u v __	p q r s __	g h __
s __	v w x __	. m __	d e f __
v __	s t u __	p q __	a b c d __
v w __	v __	m n __	p q r s __
v w x __	v w x y __	p q r __	m __
v w x y __	s t __	m n o __	j k __
v __	s __	p q r s __	g h i __
v w x __	v w __	m n o p __	d e f g __
v w __	s __	p __	a __
v w x y __	v __	m n __	s t __
v w x __	s t __	j k l __	p __
v __	v w __	g h i j __	j k __

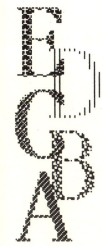

And the rest will I set in order when I come.   1 Cor. 11:34

Name_____

Date_____

Fill in the letter that comes next:

s ___	v w x y ___	s t u ___	d ___
s t ___	v w ___	v w x ___	a b ___
s t u ___	v ___	s t u v ___	p q ___
s t u v ___	s ___	v w x y ___	m n o ___
s ___	s t u ___	m ___	j k l m ___
s t u ___	v w ___	m n o ___	g ___
s t ___	v w x y ___	p ___	d e ___
s t u v ___	s t ___	p q r ___	a b c ___
s t u ___	s t u v ___	m n ___	p q r ___
s ___	v ___	m n o p ___	m n o p ___
s t u v ___	v w x ___	p q ___	j ___
s t ___	s t u v ___	p q r s ___	g h ___
s ___	v w x ___	m ___	d e f ___
v ___	s t u ___	p q ___	a b c d ___
v w ___	v ___	m n ___	p q r s ___
v w x ___	v w x y ___	p q r ___	m ___
v w x y ___	s t ___	m n o ___	j k ___
v ___	s ___	p q r s ___	g h i ___
v w x ___	v w ___	m n o p ___	d e f g ___
v w ___	s ___	p ___	a ___
v w x y ___	v ___	m n ___	s t ___
v w x ___	s t ___	j k l ___	p ___
v ___	v w ___	g h i j ___	j k ___

And the rest will I set in order when I come.   1 Cor. 11:34

AlphaBetter®   Level 3: Letter Groups   4 minutes

Name_____

Date_____

Fill in the letter that comes next:

s ___	v w x y ___	s t u ___	d ___
s t ___	v w ___	v w x ___	a b ___
s t u ___	v ___	s t u v ___	p q ___
s t u v ___	s ___	v w x y ___	m n o ___
s ___	s t u ___	m ___	j k l m ___
s t u ___	v w ___	m n o ___	g ___
s t ___	v w x y ___	p ___	d e ___
s t u v ___	s t ___	p q r ___	a b c ___
s t u ___	s t u v ___	m n ___	p q r ___
s ___	v ___	m n o p ___	m n o p ___
s t u v ___	v w x ___	p q ___	j ___
s t ___	s t u v ___	p q r s ___	g h ___
s ___	v w x ___	m ___	d e f ___
v ___	s t u ___	p q ___	a b c d ___
v w ___	v ___	m n ___	p q r s ___
v w x ___	v w x y ___	p q r ___	m ___
v w x y ___	s t ___	m n o ___	j k ___
v ___	s ___	p q r s ___	g h i ___
v w x ___	v w ___	m n o p ___	d e f g ___
v w ___	s ___	p ___	a ___
v w x y ___	v ___	m n ___	s t ___
v w x ___	s t ___	j k l ___	p ___
v ___	v w ___	g h i j ___	j k ___

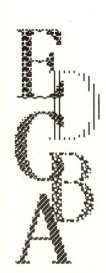

And the rest will I set in order when I come.   1 Cor. 11:34

Fill in the letter that comes next:

s ___	v w x y ___	s t u ___	d ___
s t ___	v w ___	v w x ___	a b ___
s t u ___	v ___	s t u v ___	p q ___
s t u v ___	s ___	v w x y ___	m n o ___
s ___	s t u ___	m ___	j k l m ___
s t u ___	v w ___	m n o ___	g ___
s t ___	v w x y ___	p ___	d e ___
s t u v ___	s t ___	p q r ___	a b c ___
s t u ___	s t u v ___	m n ___	p q r ___
s ___	v ___	m n o p ___	m n o p ___
s t u v ___	v w x ___	p q ___	j ___
s t ___	s t u v ___	p q r s ___	g h ___
s ___	v w x ___	m ___	d e f ___
v ___	s t u ___	p q ___	a b c d ___
v w ___	v ___	m n ___	p q r s ___
v w x ___	v w x y ___	p q r ___	m ___
v w x y ___	s t ___	m n o ___	j k ___
v ___	s ___	p q r s ___	g h i ___
v w x ___	v w ___	m n o p ___	d e f g ___
v w ___	s ___	p ___	a ___
v w x y ___	v ___	m n ___	s t ___
v w x ___	s t ___	j k l ___	p ___
v ___	v w ___	g h i j ___	j k ___

And the rest will I set in order when I come.   1 Cor. 11:34

AlphaBetter®   Level 3: Letter Groups   4 minutes

Name_____

Date_____

Fill in the letter that comes next:

s __	v w x y __	s t u __	d __
s t __	v w __	v w x __	a b __
s t u __	v __	s t u v __	p q __
s t u v __	s __	v w x y __	m n o __
s __	s t u __	. m __	j k l m __
s t u __	v w __	m n o __	g __
s t __	v w x y __	p __	d e __
s t u v __	s t __	p q r __	a b c __
s t u __	s t u v __.	m n __	p q r __
s __	v __	m n o p __	m n o p __
s t u v __	v w x __	p q __	j __
s t __	s t u v __	p q r s __	g h __
s __	v w x __	. m __	d e f __
v __	s t u __	p q __	a b c d __
v w __	v __	m n __	p q r s __
v w x __	v w x y __	p q r __	m __
v w x y __	s t __	m n o __	j k __
v __	s __	p q r s __	g h i __
v w x __	v w __	m n o p __	d e f g __
v w __	s __	p __	a __
v w x y __	v __	m n __	s t __
v w x __	s t __	j k l __	p __
v __	v w __	g h i j __	j k __

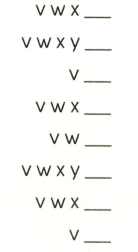

And the rest will I set in order when I come.   1 Cor. 11:34

© Edwin C. Myers 1985,1989   **AlphaBetter®**   Level 3: Letter Groups   4 minutes

Fill in the letter that comes next:

s ___	v w x y ___	s t u ___	d ___
s t ___	v w ___	v w x ___	a b ___
s t u ___	v ___	s t u v ___	p q ___
s t u v ___	s ___	v w x y ___	m n o ___
s ___	s t u ___	m ___	j k l m ___
s t u ___	v w ___	m n o ___	g ___
s t ___	v w x y ___	p ___	d e ___
s t u v ___	s t ___	p q r ___	a b c ___
s t u ___	s t u v ___	m n ___	p q r ___
s ___	v ___	m n o p ___	m n o p ___
s t u v ___	v w x ___	p q ___	j ___
s t ___	s t u v ___	p q r s ___	g h ___
s ___	v w x ___	m ___	d e f ___
v ___	s t u ___	p q ___	a b c d ___
v w ___	v ___	m n ___	p q r s ___
v w x ___	v w x y ___	p q r ___	m ___
v w x y ___	s t ___	m n o ___	j k ___
v ___	s ___	p q r s ___	g h i ___
v w x ___	v w ___	m n o p ___	d e f g ___
v w ___	s ___	p ___	a ___
v w x y ___	v ___	m n ___	s t ___
v w x ___	s t ___	j k l ___	p ___
v ___	v w ___	g h i j ___	j k ___

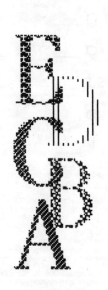

And the rest will I set in order when I come.   1 Cor. 11:34

© Edwin C. Myers 1985,1989   **AlphaBetter®**   Level 3: Letter Groups   4 minutes

Name_____

Date_____

Fill in the letter that comes next:

s ___	v w x y ___	s t u ___	d ___
s t ___	v w ___	v w x ___	a b ___
s t u ___	v ___	s t u v ___	p q ___
s t u v ___	s ___	v w x y ___	m n o ___
s ___	s t u ___	m ___	j k l m ___
s t u ___	v w ___	m n o ___	g ___
s t ___	v w x y ___	p ___	d e ___
s t u v ___	s t ___	p q r ___	a b c ___
s t u ___	s t u v ___	m n ___	p q r ___
s ___	v ___	m n o p ___	m n o p ___
s t u v ___	v w x ___	p q ___	j ___
s t ___	s t u v ___	p q r s ___	g h ___
s ___	v w x ___	m ___	d e f ___
v ___	s t u ___	p q ___	a b c d ___
v w ___	v ___	m n ___	p q r s ___
v w x ___	v w x y ___	p q r ___	m ___
v w x y ___	s t ___	m n o ___	j k ___
v ___	s ___	p q r s ___	g h i ___
v w x ___	v w ___	m n o p ___	d e f g ___
v w ___	s ___	p ___	a ___
v w x y ___	v ___	m n ___	s t ___
v w x ___	s t ___	j k l ___	p ___
v ___	v w ___	g h i j ___	j k ___

And the rest will I set in order when I come.   1 Cor. 11:34

Name_____

Date_____

Fill in the letter that comes next:

s ___	v w x y ___	s t u ___	d ___
s t ___	v w ___	v w x ___	a b ___
s t u ___	v ___	s t u v ___	p q ___
s t u v ___	s ___	v w x y ___	m n o ___
s ___	s t u ___	m ___	j k l m ___
s t u ___	v w ___	m n o ___	g ___
s t ___	v w x y ___	p ___	d e ___
s t u v ___	s t ___	p q r ___	a b c ___
s t u ___	s t u v ___	m n ___	p q r ___
s ___	v ___	m n o p ___	m n o p ___
s t u v ___	v w x ___	p q ___	j ___
s t ___	s t u v ___	p q r s ___	g h ___
s ___	v w x ___	m ___	d e f ___
v ___	s t u ___	p q ___	a b c d ___
v w ___	v ___	m n ___	p q r s ___
v w x ___	v w x y ___	p q r ___	m ___
v w x y ___	s t ___	m n o ___	j k ___
v ___	s ___	p q r s ___	g h i ___
v w x ___	v w ___	m n o p ___	d e f g ___
v w ___	s ___	p ___	a ___
v w x y ___	v ___	m n ___	s t ___
v w x ___	s t ___	j k l ___	p ___
v ___	v w ___	g h i j ___	j k ___

And the rest will I set in order when I come. 1 Cor. 11:34

© Edwin C. Myers 1985, 1989   **AlphaBetter**®   Level 3: Letter Groups   4 minutes

Name_____

Date_____

Fill in the letter that comes next:

s ___	v w x y ___	s t u ___	d ___
s t ___	v w ___	v w x ___	a b ___
s t u ___	v ___	s t u v ___	p q ___
s t u v ___	s ___	v w x y ___	m n o ___
s ___	s t u ___	m ___	j k l m ___
s t u ___	v w ___	m n o ___	g ___
s t ___	v w x y ___	p ___	d e ___
s t u v ___	s t ___	p q r ___	a b c ___
s t u ___	s t u v ___	m n ___	p q r ___
s ___	v ___	m n o p ___	m n o p ___
s t u v ___	v w x ___	p q ___	j ___
s t ___	s t u v ___	p q r s ___	g h ___
s ___	v w x ___	m ___	d e f ___
v ___	s t u ___	p q ___	a b c d ___
v w ___	v ___	m n ___	p q r s ___
v w x ___	v w x y ___	p q r ___	m ___
v w x y ___	s t ___	m n o ___	j k ___
v ___	s ___	p q r s ___	g h i ___
v w x ___	v w ___	m n o p ___	d e f g ___
v w ___	s ___	p ___	a ___
v w x y ___	v ___	m n ___	s t ___
v w x ___	s t ___	j k l ___	p ___
v ___	v w ___	g h i j ___	j k ___

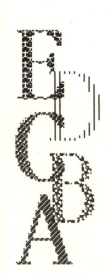

And the rest will I set in order when I come.   1 Cor. 11:34

AlphaBetter®   Level 3: Letter Groups   4 minutes

Name_____

Date_____

Fill in the letter that comes next:

s ___	v w x y ___	s t u ___	d ___
s t ___	v w ___	v w x ___	a b ___
s t u ___	v ___	s t u v ___	p q ___
s t u v ___	s ___	v w x y ___	m n o ___
s ___	s t u ___	m ___	j k l m ___
s t u ___	v w ___	m n o ___	g ___
s t ___	v w x y ___	p ___	d e ___
s t u v ___	s t ___	p q r ___	a b c ___
s t u ___	s t u v ___	m n ___	p q r ___
s ___	v ___	m n o p ___	m n o p ___
s t u v ___	v w x ___	p q ___	j ___
s t ___	s t u v ___	p q r s ___	g h ___
s ___	v w x ___	m ___	d e f ___
v ___	s t u ___	p q ___	a b c d ___
v w ___	v ___	m n ___	p q r s ___
v w x ___	v w x y ___	p q r ___	m ___
v w x y ___	s t ___	m n o ___	j k ___
v ___	s ___	p q r s ___	g h i ___
v w x ___	v w ___	m n o p ___	d e f g ___
v w ___	s ___	p ___	a ___
v w x y ___	v ___	m n ___	s t ___
v w x ___	s t ___	j k l ___	p ___
v ___	v w ___	g h i j ___	j k ___

And the rest will I set in order when I come.   1 Cor. 11:34

© Edwin C. Myers 1985,1989   **AlphaBetter**®   Level 3: Letter Groups   4 minutes

Name_____

Date_____

Fill in the letter that comes next:

p ___	j k l m ___	v w ___	a b c d ___
p q r ___	m n ___	d e f ___	j ___
s ___	g h i ___	m ___	v w ___
s t u ___	j ___	s t u v ___	p q r ___
v ___	m n o p ___	a b ___	d e f g ___
v w x ___	g h ___	g h i ___	a ___
s t ___	j k l ___	p ___	g h i ___
s t u v ___	m ___	v w x y ___	m n ___
p q ___	g h i j ___	d e ___	s t u v ___
p q r s ___	j k ___	j k l ___	p ___
v w ___	m n o ___	s ___	v w x ___
v w x y ___	a ___	a b c d ___	d e ___
p ___	g h i j ___	g h ___	j k l m ___
s t u v ___	m n ___	m n o ___	s ___
v w ___	s t u ___	v ___	a b c ___
p q r ___	d ___	d e f g ___	m n o p ___
s ___	j k l m ___	p q r ___	g h ___
v w x y ___	p q ___	j k ___	v ___
p q ___	v w x ___	d ___	p q r s ___
s t u ___	g ___	j k l ___	d e f ___
v ___	m n o p ___	p q ___	j k ___
p q r s ___	s t ___	v w x y ___	m ___
s t ___	a b c ___	g ___	s t u ___
v w x ___	j ___	m n o ___	a b ___
g ___	p q r s ___	s t ___	g h i j ___

The steps of a good man are ordered by the Lord, and he delights in his way.

Psa. 37:23

Fill in the letter that comes next:

p ___	j k l m ___	v w ___	a b c d ___
p q r ___	m n ___	d e f ___	j ___
s ___	g h i ___	m ___	v w ___
s t u ___	j ___	s t u v ___	p q r ___
v ___	m n o p ___	a b ___	d e f g ___
v w x ___	g h ___	g h i ___	a ___
s t ___	j k l ___	p ___	g h i ___
s t u v ___	m ___	v w x y ___	m n ___
p q ___	g h i j ___	d e ___	s t u v ___
p q r s ___	j k ___	j k l ___	p ___
v w ___	m n o ___	s ___	v w x ___
v w x y ___	a ___	a b c d ___	d e ___
p ___	g h i j ___	g h ___	j k l m ___
s t u v ___	m n ___	m n o ___	s ___
v w ___	s t u ___	v ___	a b c ___
p q r ___	d ___	d e f g ___	m n o p ___
s ___	j k l m ___	p q r ___	g h ___
v w x y ___	p q ___	j k ___	v ___
p q ___	v w x ___	d ___	p q r s ___
s t u ___	g ___	j k l ___	d e f ___
v ___	m n o p ___	p q ___	j k ___
p q r s ___	s t ___	v w x y ___	m ___
s t ___	a b c ___	g ___	s t u ___
v w x ___	j ___	m n o ___	a b ___
g ___	p q r s ___	s t ___	g h i j ___

The steps of a good man are ordered by the Lord, and he delights in his way.

Psa. 37:23

Name_____

Date_____

Fill in the letter that comes next:

p __	j k l m __	v w __	a b c d __
p q r __	m n __	d e f __	j __
s __	g h i __	m __	v w __
s t u __	j __	s t u v __	p q r __
v __	m n o p __	a b __	d e f g __
v w x __	g h __	g h i __	a __
s t __	j k l __	p __	g h i __
s t u v __	m __	v w x y __	m n __
p q __	g h i j __	d e __	s t u v __
p q r s __	j k __	j k l __	p __
v w __	m n o __	s __	v w x __
v w x y __	a __	a b c d __	d e __
p __	g h i j __	g h __	j k l m __
s t u v __	m n __	m n o __	s __
v w __	s t u __	v __	a b c __
p q r __	d __	d e f g __	m n o p __
s __	j k l m __	p q r __	g h __
v w x y __	p q __	j k __	v __
p q __	v w x __	d __	p q r s __
s t u __	g __	j k l __	d e f __
v __	m n o p __	p q __	j k __
p q r s __	s t __	v w x y __	m __
s t __	a b c __	g __	s t u __
v w x __	j __	m n o __	a b __
g __	p q r s __	s t __	g h i j __

The steps of a good man are ordered by the Lord, and he delights in his way.

Psa. 37:23

AlphaBetter®   Level 4:   Letter Groups   4 minutes

Fill in the letter that comes next:

p ___	j k l m ___	v w ___	a b c d ___
p q r ___	m n ___	d e f ___	j ___
s ___	g h i ___	m ___	v w ___
s t u ___	j ___	s t u v ___	p q r ___
v ___	m n o p ___	a b ___	d e f g ___
v w x ___	g h ___	g h i ___	a ___
s t ___	j k l ___	p ___	g h i ___
s t u v ___	m ___	v w x y ___	m n ___
p q ___	g h i j ___	d e ___	s t u v ___
p q r s ___	j k ___	j k l ___	p ___
v w ___	m n o ___	s ___	v w x ___
v w x y ___	a ___	a b c d ___	d e ___
p ___	g h i j ___	g h ___	j k l m ___
s t u v ___	m n ___	m n o ___	s ___
v w ___	s t u ___	v ___	a b c ___
p q r ___	d ___	d e f g ___	m n o p ___
s ___	j k l m ___	p q r ___	g h ___
v w x y ___	p q ___	j k ___	v ___
p q ___	v w x ___	d ___	p q r s ___
s t u ___	g ___	j k l ___	d e f ___
v ___	m n o p ___	p q ___	j k ___
p q r s ___	s t ___	v w x y ___	m ___
s t ___	a b c ___	g ___	s t u ___
v w x ___	j ___	m n o ___	a b ___
g ___	p q r s ___	s t ___	g h i j ___

The steps of a good man are ordered by the Lord, and he delights in his way.

Psa. 37:23

© Edwin C. Myers 1985,1989   **AlphaBetter**®   Level 4:   Letter Groups   4 minutes

Name_____
Date_____

Fill in the letter that comes next:

p ___	j k l m ___	v w ___	a b c d ___
p q r ___	m n ___	d e f ___	j ___
s ___	g h i ___	m ___	v w ___
s t u ___	j ___	s t u v ___	p q r ___
v ___	m n o p ___	a b ___	d e f g ___
v w x ___	g h ___	g h i ___	a ___
s t ___	j k l ___	p ___	g h i ___
s t u v ___	m ___	v w x y ___	m n ___
p q ___	g h i j ___	d e ___	s t u v ___
p q r s ___	j k ___	j k l ___	p ___
v w ___	m n o ___	s ___	v w x ___
v w x y ___	a ___	a b c d ___	d e ___
p ___	g h i j ___	g h ___	j k l m ___
s t u v ___	m n ___	m n o ___	s ___
v w ___	s t u ___	v ___	a b c ___
p q r ___	d ___	d e f g ___	m n o p ___
s ___	j k l m ___	p q r ___	g h ___
v w x y ___	p q ___	j k ___	v ___
p q ___	v w x ___	d ___	p q r s ___
s t u ___	g ___	j k l ___	d e f ___
v ___	m n o p ___	p q ___	j k ___
p q r s ___	s t ___	v w x y ___	m ___
s t ___	a b c ___	g ___	s t u ___
v w x ___	j ___	m n o ___	a b ___
g ___	p q r s ___	s t ___	g h i j ___

The steps of a good man are ordered by the Lord, and he delights in his way.

Psa. 37:23

© Edwin C. Myers 1985, 1989   **AlphaBetter**®   Level 4: Letter Groups   4 minutes

Fill in the letter that comes next:

p ___	j k l m ___	v w ___	a b c d ___
p q r ___	m n ___	d e f ___	j ___
s ___	g h i ___	m ___	v w ___
s t u ___	j ___	s t u v ___	p q r ___
v ___	m n o p ___	a b ___	d e f g ___
v w x ___	g h ___	g h i ___	a ___
s t ___	j k l ___	p ___	g h i ___
s t u v ___	m ___	v w x y ___	m n ___
p q ___	g h i j ___	d e ___	s t u v ___
p q r s ___	j k ___	j k l ___	p ___
v w ___	m n o ___	s ___	v w x ___
v w x y ___	a ___	a b c d ___	d e ___
p ___	g h i j ___	g h ___	j k l m ___
s t u v ___	m n ___	m n o ___	s ___
v w ___	s t u ___	v ___	a b c ___
p q r ___	d ___	d e f g ___	m n o p ___
s ___	j k l m ___	p q r ___	g h ___
v w x y ___	p q ___	j k ___	v ___
p q ___	v w x ___	d ___	p q r s ___
s t u ___	g ___	j k l ___	d e f ___
v ___	m n o p ___	p q ___	j k ___
p q r s ___	s t ___	v w x y ___	m ___
s t ___	a b c ___	g ___	s t u ___
v w x ___	j ___	m n o ___	a b ___
g ___	p q r s ___	s t ___	g h i j ___

The steps of a good man are ordered by the Lord, and he delights in his way.

Psa. 37:23

© Edwin C. Myers 1985,1989   **AlphaBetter®**   Level 4: Letter Groups   4 minutes

Name_____
Date_____

Fill in the letter that comes next:

p ___	j k l m ___	v w ___	a b c d ___
p q r ___	m n ___	d e f ___	j ___
s ___	g h i ___	m ___	v w ___
s t u ___	j ___	s t u v ___	p q r ___
v ___	m n o p ___	a b ___	d e f g ___
v w x ___	g h ___	g h i ___	a ___
s t ___	j k l ___	p ___	g h i ___
s t u v ___	m ___	v w x y ___	m n ___
p q ___	g h i j ___	d e ___	s t u v ___
p q r s ___	j k ___	j k l ___	p ___
v w ___	m n o ___	s ___	v w x ___
v w x y ___	a ___	a b c d ___	d e ___
p ___	g h i j ___	g h ___	j k l m ___
s t u v ___	m n ___	m n o ___	s ___
v w ___	s t u ___	v ___	a b c ___
p q r ___	d ___	d e f g ___	m n o p ___
s ___	j k l m ___	p q r ___	g h ___
v w x y ___	p q ___	j k ___	v ___
p q ___	v w x ___	d ___	p q r s ___
s t u ___	g ___	j k l ___	d e f ___
v ___	m n o p ___	p q ___	j k ___
p q r s ___	s t ___	v w x y ___	m ___
s t ___	a b c ___	g ___	s t u ___
v w x ___	j ___	m n o ___	a b ___
g ___	p q r s ___	s t ___	g h i j ___

The steps of a good man are ordered by the Lord, and he delights in his way.

Psa. 37:23

AlphaBetter®   Level 4: Letter Groups   4 minutes

Name_____

Date_____

Fill in the letter that comes next:

p___	j k l m___	v w___	a b c d___
p q r___	m n___	d e f___	j___
s___	g h i___	m___	v w___
s t u___	j___	s t u v___	p q r___
v___	m n o p___	a b___	d e f g___
v w x___	g h___	g h i___	a___
s t___	j k l___	p___	g h i___
s t u v___	m___	v w x y___	m n___
p q___	g h i j___	d e___	s t u v___
p q r s___	j k___	j k l___	p___
v w___	m n o___	s___	v w x___
v w x y___	a___	a b c d___	d e___
p___	g h i j___	g h___	j k l m___
s t u v___	m n___	m n o___	s___
v w___	s t u___	v___	a b c___
p q r___	d___	d e f g___	m n o p___
s___	j k l m___	p q r___	g h___
v w x y___	p q___	j k___	v___
p q___	v w x___	d___	p q r s___
s t u___	g___	j k l___	d e f___
v___	m n o p___	p q___	j k___
p q r s___	s t___	v w x y___	m___
s t___	a b c___	g___	s t u___
v w x___	j___	m n o___	a b___
g___	p q r s___	s t___	g h i j___

The steps of a good man are ordered by the Lord, and he delights in his way.

Psa. 37:23

Name_____

Date_____

Fill in the letter that comes next:

p ___	j k l m ___	v w ___	a b c d ___
p q r ___	m n ___	d e f ___	j ___
s ___	g h i ___	m ___	v w ___
s t u ___	j ___	s t u v ___	p q r ___
v ___	m n o p ___	a b ___	d e f g ___
v w x ___	g h ___	g h i ___	a ___
s t ___	j k l ___	p ___	g h i ___
s t u v ___	m ___	v w x y ___	m n ___
p q ___	g h i j ___	d e ___	s t u v ___
p q r s ___	j k ___	j k l ___	p ___
v w ___	m n o ___	s ___	v w x ___
v w x y ___	a ___	a b c d ___	d e ___
p ___	g h i j ___	g h ___	j k l m ___
s t u v ___	m n ___	m n o ___	s ___
v w ___	s t u ___	v ___	a b c ___
p q r ___	d ___	d e f g ___	m n o p ___
s ___	j k l m ___	p q r ___	g h ___
v w x y ___	p q ___	j k ___	v ___
p q ___	v w x ___	d ___	p q r s ___
s t u ___	g ___	j k l ___	d e f ___
v ___	m n o p ___	p q ___	j k ___
p q r s ___	s t ___	v w x y ___	m ___
s t ___	a b c ___	g ___	s t u ___
v w x ___	j ___	m n o ___	a b ___
g ___	p q r s ___	s t ___	g h i j ___

The steps of a good man are ordered by the Lord, and he delights in his way.

Psa. 37:23

Name_____

Date_____

Fill in the letter that comes next:

p ___	j k l m ___	v w ___	a b c d ___
p q r ___	m n ___	d e f ___	j ___
s ___	g h i ___	m ___	v w ___
s t u ___	j ___	s t u v ___	p q r ___
v ___	m n o p ___	a b ___	d e f g ___
v w x ___	g h ___	g h i ___	a ___
s t ___	j k l ___	p ___	g h i ___
s t u v ___	m ___	v w x y ___	m n ___
p q ___	g h i j ___	d e ___	s t u v ___
p q r s ___	j k ___	j k l ___	p ___
v w ___	m n o ___	s ___	v w x ___
v w x y ___	a ___	a b c d ___	d e ___
p ___	g h i j ___	g h ___	j k l m ___
s t u v ___	m n ___	m n o ___	s ___
v w ___	s t u ___	v ___	a b c ___
p q r ___	d ___	d e f g ___	m n o p ___
s ___	j k l m ___	p q r ___	g h ___
v w x y ___	p q ___	j k ___	v ___
p q ___	v w x ___	d ___	p q r s ___
s t u ___	g ___	j k l ___	d e f ___
v ___	m n o p ___	p q ___	j k ___
p q r s ___	s t ___	v w x y ___	m ___
s t ___	a b c ___	g ___	s t u ___
v w x ___	j ___	m n o ___	a b ___
g ___	p q r s ___	s t ___	g h i j ___

The steps of a good man are ordered by the Lord, and he delights in his way.

Psa. 37:23

AlphaBetter®   Level 4: Letter Groups   4 minutes

Name_____

Date_____

Fill in the letter that comes next:

p ___	j k l m ___	v w ___	a b c d ___
p q r ___	m n ___	d e f ___	j ___
s ___	g h i ___	m ___	v w ___
s t u ___	j ___	s t u v ___	p q r ___
v ___	m n o p ___	a b ___	d e f g ___
v w x ___	g h ___	g h i ___	a ___
s t ___	j k l ___	p ___	g h i ___
s t u v ___	m ___	v w x y ___	m n ___
p q ___	g h i j ___	d e ___	s t u v ___
p q r s ___	j k ___	j k l ___	p ___
v w ___	m n o ___	s ___	v w x ___
v w x y ___	a ___	a b c d ___	d e ___
p ___	g h i j ___	g h ___	j k l m ___
s t u v ___	m n ___	m n o ___	s ___
v w ___	s t u ___	v ___	a b c ___
p q r ___	d ___	d e f g ___	m n o p ___
s ___	j k l m ___	p q r ___	g h ___
v w x y ___	p q ___	j k ___	v ___
p q ___	v w x ___	d ___	p q r s ___
s t u ___	g ___	j k l ___	d e f ___
v ___	m n o p ___	p q ___	j k ___
p q r s ___	s t ___	v w x y ___	m ___
s t ___	a b c ___	g ___	s t u ___
v w x ___	j ___	m n o ___	a b ___
g ___	p q r s ___	s t ___	g h i j ___

The steps of a good man are ordered by the Lord, and he delights in his way.

Psa. 37:23

© Edwin C. Myers 1985,1989   **AlphaBetter**®   Level 4: Letter Groups   4 minutes

Name_____

Date_____

Fill in the letter that comes next:

p ___	j k l m ___	v w ___	a b c d ___
p q r ___	m n ___	d e f ___	j ___
s ___	g h i ___	m ___	v w ___
s t u ___	j ___	s t u v ___	p q r ___
v ___	m n o p ___	a b ___	d e f g ___
v w x ___	g h ___	g h i ___	a ___
s t ___	j k l ___	p ___	g h i ___
s t u v ___	m ___	v w x y ___	m n ___
p q ___	g h i j ___	d e ___	s t u v ___
p q r s ___	j k ___	j k l ___	p ___
v w ___	m n o ___	s ___	v w x ___
v w x y ___	a ___	a b c d ___	d e ___
p ___	g h i j ___	g h ___	j k l m ___
s t u v ___	m n ___	m n o ___	s ___
v w ___	s t u ___	v ___	a b c ___
p q r ___	d ___	d e f g ___	m n o p ___
s ___	j k l m ___	p q r ___	g h ___
v w x y ___	p q ___	j k ___	v ___
p q ___	v w x ___	d ___	p q r s ___
s t u ___	g ___	j k l ___	d e f ___
v ___	m n o p ___	p q ___	j k ___
p q r s ___	s t ___	v w x y ___	m ___
s t ___	a b c ___	g ___	s t u ___
v w x ___	j ___	m n o ___	a b ___
g ___	p q r s ___	s t ___	g h i j ___

The steps of a good man are ordered by the Lord, and he delights in his way.

Psa. 37:23

AlphaBetter® Level 4: Letter Groups 4 minutes

Name_____

Date_____

Fill in the letter that comes next:

y ___	e ___	u ___	w ___
s ___	j ___	y ___	t ___
m ___	o ___	q ___	p ___
g ___	t ___	m ___	y ___
a ___	y ___	i ___	k ___
u ___	w ___	e ___	u ___
o ___	r ___	a ___	o ___
i ___	m ___	w ___	e ___
c ___	h ___	s ___	j ___
w ___	c ___	o ___	f ___
q ___	u ___	k ___	c ___
k ___	p ___	g ___	a ___
e ___	k ___	d ___	x ___
t ___	f ___	x ___	s ___
n ___	a ___	t ___	m ___
h ___	x ___	q ___	h ___
b ___	s ___	l ___	d ___
v ___	o ___	i ___	q ___
p ___	i ___	v ___	l ___
j ___	d ___	r ___	g ___
d ___	v ___	n ___	v ___
x ___	q ___	d ___	b ___
r ___	l ___	j ___	r ___
l ___	g ___	b ___	n ___
f ___	b ___	f ___	i ___

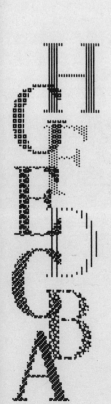

To him who orders his conduct aright will I show the salvation of God.   Psa. 50:23

© Edwin C. Myers 1985,1989   **AlphaBetter**®   Level 5: Next Letter   4 minutes

Fill in the letter that comes next:

y ___	e ___	u ___	w ___
s ___	j ___	y ___	t ___
m ___	o ___	q ___	p ___
g ___	t ___	m ___	y ___
a ___	y ___	i ___	k ___
u ___	w ___	e ___	u ___
o ___	r ___	a ___	o ___
i ___	m ___	w ___	e ___
c ___	h ___	s ___	j ___
w ___	c ___	o ___	f ___
q ___	u ___	k ___	c ___
k ___	p ___	g ___	a ___
e ___	k ___	d ___	x ___
t ___	f ___	x ___	s ___
n ___	a ___	t ___	m ___
h ___	x ___	q ___	h ___
b ___	s ___	l ___	d ___
v ___	o ___	i ___	q ___
p ___	i ___	v ___	l ___
j ___	d ___	r ___	g ___
d ___	v ___	n ___	v ___
x ___	q ___	d ___	b ___
r ___	l ___	j ___	r ___
l ___	g ___	b ___	n ___
f ___	b ___	f ___	i ___

To him who orders his conduct aright will I show the salvation of God.   Psa. 50:23

Fill in the letter that comes next:

y __	e __	u __	w __
s __	j __	y __	t __
m __	o __	q __	p __
g __	t __	m __	y __
a __	y __	i __	k __
u __	w __	e __	u __
o __	r __	a __	o __
i __	m __	w __	e __
c __	h __	s __	j __
w __	c __	o __	f __
q __	u __	k __	c __
k __	p __	g __	a __
e __	k __	d __	x __
t __	f __	x __	s __
n __	a __	t __	m __
h __	x __	q __	h __
b __	s __	l __	d __
v __	o __	i __	q __
p __	i __	v __	l __
j __	d __	r __	g __
d __	v __	n __	v __
x __	q __	d __	b __
r __	l __	j __	r __
l __	g __	b __	n __
f __	b __	f __	i __

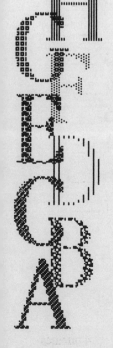

To him who orders his conduct aright will I show the salvation of God.   Psa. 50:23

© Edwin C. Myers 1985,1989   **AlphaBetter**®   Level 5: Next Letter   4 minutes

Name_____

Date_____

Fill in the letter that comes next:

y ___	e ___	u ___	w ___
s ___	j ___	y ___	t ___
m ___	o ___	q ___	p ___
g ___	t ___	m ___	y ___
a ___	y ___	i ___	k ___
u ___	w ___	e ___	u ___
o ___	r ___	a ___	o ___
i ___	m ___	w ___	e ___
c ___	h ___	s ___	j ___
w ___	c ___	o ___	f ___
q ___	u ___	k ___	c ___
k ___	p ___	g ___	a ___
e ___	k ___	d ___	x ___
t ___	f ___	x ___	s ___
n ___	a ___	t ___	m ___
h ___	x ___	q ___	h ___
b ___	s ___	l ___	d ___
v ___	o ___	i ___	q ___
p ___	i ___	v ___	l ___
j ___	d ___	r ___	g ___
d ___	v ___	n ___	v ___
x ___	q ___	d ___	b ___
r ___	l ___	j ___	r ___
l ___	g ___	b ___	n ___
f ___	b ___	f ___	i ___

To him who orders his conduct aright will I show the salvation of God.   Psa. 50:23

Name_____

Date_____

Fill in the letter that comes next:

y ___	e ___	u ___	w ___
s ___	j ___	y ___	t ___
m ___	o ___	q ___	p ___
g ___	t ___	m ___	y ___
a ___	y ___	i ___	k ___
u ___	w ___	e ___	u ___
o ___	r ___	a ___	o ___
i ___	m ___	w ___	e ___
c ___	h ___	s ___	j ___
w ___	c ___	o ___	f ___
q ___	u ___	k ___	c ___
k ___	p ___	g ___	a ___
e ___	k ___	d ___	x ___
t ___	f ___	x ___	s ___
n ___	a ___	t ___	m ___
h ___	x ___	q ___	h ___
b ___	s ___	l ___	d ___
v ___	o ___	i ___	q ___
p ___	i ___	v ___	l ___
j ___	d ___	r ___	g ___
d ___	v ___	n ___	v ___
x ___	q ___	d ___	b ___
r ___	l ___	j ___	r ___
l ___	g ___	b ___	n ___
f ___	b ___	f ___	i ___

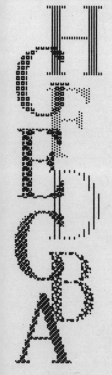

To him who orders his conduct aright will I show the salvation of God.   Psa. 50:23

© Edwin C. Myers 1985,1989   **AlphaBetter®**   Level 5: Next Letter   4 minutes

Name_____

Date_____

Fill in the letter that comes next:

y ___	e ___	u ___	w ___
s ___	j ___	y ___	t ___
m ___	o ___	q ___	p ___
g ___	t ___	m ___	y ___
a ___	y ___	i ___	k ___
u ___	w ___	e ___	u ___
o ___	r ___	a ___	o ___
i ___	m ___	w ___	e ___
c ___	h ___	s ___	j ___
w ___	c ___	o ___	f ___
q ___	u ___	k ___	c ___
k ___	p ___	g ___	a ___
e ___	k ___	d ___	x ___
t ___	f ___	x ___	s ___
n ___	a ___	t ___	m ___
h ___	x ___	q ___	h ___
b ___	s ___	l ___	d ___
v ___	o ___	i ___	q ___
p ___	i ___	v ___	l ___
j ___	d ___	r ___	g ___
d ___	v ___	n ___	v ___
x ___	q ___	d ___	b ___
r ___	l ___	j ___	r ___
l ___	g ___	b ___	n ___
f ___	b ___	f ___	i ___

To him who orders his conduct aright will I show the salvation of God.   Psa. 50:23

AlphaBetter®   Level 5: Next Letter   4 minutes

Name_____

Date_____

Fill in the letter that comes next:

y ___	e ___	u ___	w ___
s ___	j ___	y ___	t ___
m ___	o ___	q ___	p ___
g ___	t ___	m ___	y ___
a ___	y ___	i ___	k ___
u ___	w ___	e ___	u ___
o ___	r ___	a ___	o ___
i ___	m ___	w ___	e ___
c ___	h ___	s ___	j ___
w ___	c ___	o ___	f ___
q ___	u ___	k ___	c ___
k ___	p ___	g ___	a ___
e ___	k ___	d ___	x ___
t ___	f ___	x ___	s ___
n ___	a ___	t ___	m ___
h ___	x ___	q ___	h ___
b ___	s ___	l ___	d ___
v ___	o ___	i ___	q ___
p ___	i ___	v ___	l ___
j ___	d ___	r ___	g ___
d ___	v ___	n ___	v ___
x ___	q ___	d ___	b ___
r ___	l ___	j ___	r ___
l ___	g ___	b ___	n ___
f ___	b ___	f ___	i ___

To him who orders his conduct aright will I show the salvation of God.   Psa. 50:23

AlphaBetter®   Level 5: Next Letter   4 minutes

Name_____

Date_____

Fill in the letter that comes next:

y ___	e ___	u ___	w ___
s ___	j ___	y ___	t ___
m ___	o ___	q ___	p ___
g ___	t ___	m ___	y ___
a ___	y ___	i ___	k ___
u ___	w ___	e ___	u ___
o ___	r ___	a ___	o ___
i ___	m ___	w ___	e ___
c ___	h ___	s ___	j ___
w ___	c ___	o ___	f ___
q ___	u ___	k ___	c ___
k ___	p ___	g ___	a ___
e ___	k ___	d ___	x ___
t ___	f ___	x ___	s ___
n ___	a ___	t ___	m ___
h ___	x ___	q ___	h ___
b ___	s ___	l ___	d ___
v ___	o ___	i ___	q ___
p ___	i ___	v ___	l ___
j ___	d ___	r ___	g ___
d ___	v ___	n ___	v ___
x ___	q ___	d ___	b ___
r ___	l ___	j ___	r ___
l ___	g ___	b ___	n ___
f ___	b ___	f ___	i ___

To him who orders his conduct aright will I show the salvation of God.   Psa. 50:23

AlphaBetter®   Level 5: Next Letter   4 minutes

Fill in the letter that comes next:

y ___	e ___	u ___	w ___
s ___	j ___	y ___	t ___
m ___	o ___	q ___	p ___
g ___	t ___	m ___	y ___
a ___	y ___	i ___	k ___
u ___	w ___	e ___	u ___
o ___	r ___	a ___	o ___
i ___	m ___	w ___	e ___
c ___	h ___	s ___	j ___
w ___	c ___	o ___	f ___
q ___	u ___	k ___	c ___
k ___	p ___	g ___	a ___
e ___	k ___	d ___	x ___
t ___	f ___	x ___	s ___
n ___	a ___	t ___	m ___
h ___	x ___	q ___	h ___
b ___	s ___	l ___	d ___
v ___	o ___	i ___	q ___
p ___	i ___	v ___	l ___
j ___	d ___	r ___	g ___
d ___	v ___	n ___	v ___
x ___	q ___	d ___	b ___
r ___	l ___	j ___	r ___
l ___	g ___	b ___	n ___
f ___	b ___	f ___	i ___

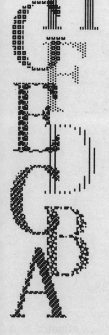

To him who orders his conduct aright will I show the salvation of God.   Psa. 50:23

© Edwin C. Myers 1985,1989   **AlphaBetter**®   Level 5: Next Letter   4 minutes

Name_____

Date_____

Fill in the letter that comes next:

y ___	e ___	u ___	w ___
s ___	j ___	y ___	t ___
m ___	o ___	q ___	p ___
g ___	t ___	m ___	y ___
a ___	y ___	i ___	k ___
u ___	w ___	e ___	u ___
o ___	r ___	a ___	o ___
i ___	m ___	w ___	e ___
c ___	h ___	s ___	j ___
w ___	c ___	o ___	f ___
q ___	u ___	k ___	c ___
k ___	p ___	g ___	a ___
e ___	k ___	d ___	x ___
t ___	f ___	x ___	s ___
n ___	a ___	t ___	m ___
h ___	x ___	q ___	h ___
b ___	s ___	l ___	d ___
v ___	o ___	i ___	q ___
p ___	i ___	v ___	l ___
j ___	d ___	r ___	g ___
d ___	v ___	n ___	v ___
x ___	q ___	d ___	b ___
r ___	l ___	j ___	r ___
l ___	g ___	b ___	n ___
f ___	b ___	f ___	i ___

To him who orders his conduct aright will I show the salvation of God.   Psa. 50:23

Name_____

Date_____

Fill in the letter that comes next:

y ___	e ___	u ___	w ___
s ___	j ___	y ___	t ___
m ___	o ___	q ___	p ___
g ___	t ___	m ___	y ___
a ___	y ___	i ___	k ___
u ___	w ___	e ___	u ___
o ___	r ___	a ___	o ___
i ___	m ___	w ___	e ___
c ___	h ___	s ___	j ___
w ___	c ___	o ___	f ___
q ___	u ___	k ___	c ___
k ___	p ___	g ___	a ___
e ___	k ___	d ___	x ___
t ___	f ___	x ___	s ___
n ___	a ___	t ___	m ___
h ___	x ___	q ___	h ___
b ___	s ___	l ___	d ___
v ___	o ___	i ___	q ___
p ___	i ___	v ___	l ___
j ___	d ___	r ___	g ___
d ___	v ___	n ___	v ___
x ___	q ___	d ___	b ___
r ___	l ___	j ___	r ___
l ___	g ___	b ___	n ___
f ___	b ___	f ___	i ___

To him who orders his conduct aright will I show the salvation of God.   Psa. 50:23

Name_____

Date_____

Fill in the letter that comes next:

y ___	e ___	u ___	w ___
s ___	j ___	y ___	t ___
m ___	o ___	q ___	p ___
g ___	t ___	m ___	y ___
a ___	y ___	i ___	k ___
u ___	w ___	e ___	u ___
o ___	r ___	a ___	o ___
i ___	m ___	w ___	e ___
c ___	h ___	s ___	j ___
w ___	c ___	o ___	f ___
q ___	u ___	k ___	c ___
k ___	p ___	g ___	a ___
e ___	k ___	d ___	x ___
t ___	f ___	x ___	s ___
n ___	a ___	t ___	m ___
h ___	x ___	q ___	h ___
b ___	s ___	l ___	d ___
v ___	o ___	i ___	q ___
p ___	i ___	v ___	l ___
j ___	d ___	r ___	g ___
d ___	v ___	n ___	v ___
x ___	q ___	d ___	b ___
r ___	l ___	j ___	r ___
l ___	g ___	b ___	n ___
f ___	b ___	f ___	i ___

To him who orders his conduct aright will I show the salvation of God.   Psa. 50:23

AlphaBetter®   Level 5: Next Letter   4 minutes

Name_____

Date_____

Fill in the letter that comes before:

___ c	___ w	___ x	___ t
___ v	___ r	___ t	___ c
___ p	___ c	___ p	___ w
___ j	___ m	___ c	___ s
___ d	___ h	___ l	___ n
___ x	___ y	___ h	___ x
___ r	___ u	___ d	___ r
___ l	___ p	___ z	___ h
___ f	___ k	___ v	___ m
___ z	___ f	___ r	___ i
___ t	___ x	___ n	___ f
___ n	___ s	___ j	___ d
___ h	___ n	___ y	___ v
___ w	___ i	___ f	___ p
___ q	___ d	___ w	___ k
___ k	___ b	___ s	___ g
___ e	___ v	___ o	___ b
___ y	___ q	___ k	___ y
___ s	___ l	___ g	___ q
___ m	___ g	___ e	___ o
___ g	___ t	___ u	___ j
___ y	___ o	___ i	___ e
___ o	___ j	___ m	___ u
___ i	___ e	___ q	___ l

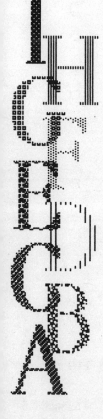

Order my steps in thy word, and let not any iniquity have dominion over me.   Psa. 119:133

Fill in the letter that comes before:

__ c	__ w	__ x	__ t
__ v	__ r	__ t	__ c
__ p	__ c	__ p	__ w
__ j	__ m	__ c	__ s
__ d	__ h	__ l	__ n
__ x	__ y	__ h	__ x
__ r	__ u	__ d	__ r
__ l	__ p	__ z	__ h
__ f	__ k	__ v	__ m
__ z	__ f	__ r	__ i
__ t	__ x	__ n	__ f
__ n	__ s	__ j	__ d
__ h	__ n	__ y	__ v
__ w	__ i	__ f	__ p
__ q	__ d	__ w	__ k
__ k	__ b	__ s	__ g
__ e	__ v	__ o	__ b
__ y	__ q	__ k	__ y
__ s	__ l	__ g	__ q
__ m	__ g	__ e	__ o
__ g	__ t	__ u	__ j
__ y	__ o	__ i	__ e
__ o	__ j	__ m	__ u
__ i	__ e	__ q	__ l

Order my steps in thy word, and let not any iniquity have dominion over me.   Psa. 119:133

© Edwin C. Myers 1985,1989   **AlphaBetter**®   Level 6:   Preceding Letter   4 minutes

Name_____

Date_____

Fill in the letter that comes before:

___ c	___ w	___ x	___ t
___ v	___ r	___ t	___ c
___ p	___ c	___ p	___ w
___ j	___ m	___ c	___ s
___ d	___ h	___ l	___ n
___ x	___ y	___ h	___ x
___ r	___ u	___ d	___ r
___ l	___ p	___ z	___ h
___ f	___ k	___ v	___ m
___ z	___ f	___ r	___ i
___ t	___ x	___ n	___ f
___ n	___ s	___ j	___ d
___ h	___ n	___ y	___ v
___ w	___ i	___ f	___ p
___ q	___ d	___ w	___ k
___ k	___ b	___ s	___ g
___ e	___ v	___ o	___ b
___ y	___ q	___ k	___ y
___ s	___ l	___ g	___ q
___ m	___ g	___ e	___ o
___ g	___ t	___ u	___ j
___ y	___ o	___ i	___ e
___ o	___ j	___ m	___ u
___ i	___ e	___ q	___ l

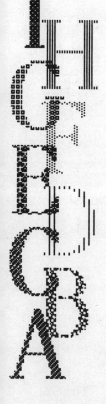

Order my steps in thy word, and let not any iniquity have dominion over me.   Psa. 119:133

AlphaBetter®   Level 6: Preceding Letter   4 minutes

Name_____

Date_____

Fill in the letter that comes before:

__ c	__ w	__ x	__ t
__ v	__ r	__ t	__ c
__ p	__ c	__ p	__ w
__ j	__ m	__ c	__ s
__ d	__ h	__ l	__ n
__ x	__ y	__ h	__ x
__ r	__ u	__ d	__ r
__ l	__ p	__ z	__ h
__ f	__ k	__ v	__ m
__ z	__ f	__ r	__ i
__ t	__ x	__ n	__ f
__ n	__ s	__ j	__ d
__ h	__ n	__ y	__ v
__ w	__ i	__ f	__ p
__ q	__ d	__ w	__ k
__ k	__ b	__ s	__ g
__ e	__ v	__ o	__ b
__ y	__ q	__ k	__ y
__ s	__ l	__ g	__ q
__ m	__ g	__ e	__ o
__ g	__ t	__ u	__ j
__ y	__ o	__ i	__ e
__ o	__ j	__ m	__ u
__ i	__ e	__ q	__ l

Order my steps in thy word, and let not any iniquity have dominion over me.   Psa. 119:133

Name_____
Date_____

Fill in the letter that comes before:

__ c	__ w	__ x	__ t
__ v	__ r	__ t	__ c
__ p	__ c	__ p	__ w
__ j	__ m	__ c	__ s
__ d	__ h	__ l	__ n
__ x	__ y	__ h	__ x
__ r	__ u	__ d	__ r
__ l	__ p	__ z	__ h
__ f	__ k	__ v	__ m
__ z	__ f	__ r	__ i
__ t	__ x	__ n	__ f
__ n	__ s	__ j	__ d
__ h	__ n	__ y	__ v
__ w	__ i	__ f	__ p
__ q	__ d	__ w	__ k
__ k	__ b	__ s	__ g
__ e	__ v	__ o	__ b
__ y	__ q	__ k	__ y
__ s	__ l	__ g	__ q
__ m	__ g	__ e	__ o
__ g	__ t	__ u	__ j
__ y	__ o	__ i	__ e
__ o	__ j	__ m	__ u
__ i	__ e	__ q	__ l

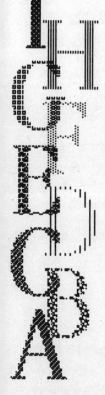

Order my steps in thy word, and let not any iniquity have dominion over me.   Psa. 119:133

AlphaBetter®   Level 6: Preceding Letter   4 minutes

Fill in the letter that comes before:

__ c	__ w	__ x	__ t
__ v	__ r	__ t	__ c
__ p	__ c	__ p	__ w
__ j	__ m	__ c	__ s
__ d	__ h	__ l	__ n
__ x	__ y	__ h	__ x
__ r	__ u	__ d	__ r
__ l	__ p	__ z	__ h
__ f	__ k	__ v	__ m
__ z	__ f	__ r	__ i
__ t	__ x	__ n	__ f
__ n	__ s	__ j	__ d
__ h	__ n	__ y	__ v
__ w	__ i	__ f	__ p
__ q	__ d	__ w	__ k
__ k	__ b	__ s	__ g
__ e	__ v	__ o	__ b
__ y	__ q	__ k	__ y
__ s	__ l	__ g	__ q
__ m	__ g	__ e	__ o
__ g	__ t	__ u	__ j
__ y	__ o	__ i	__ e
__ o	__ j	__ m	__ u
__ i	__ e	__ q	__ l

Order my steps in thy word, and let not any iniquity have dominion over me.   Psa. 119:133

Fill in the letter that comes before:

___ c	___ w	___ x	___ t
___ v	___ r	___ t	___ c
___ p	___ c	___ p	___ w
___ j	___ m	___ c	___ s
___ d	___ h	___ l	___ n
___ x	___ y	___ h	___ x
___ r	___ u	___ d	___ r
___ l	___ p	___ z	___ h
___ f	___ k	___ v	___ m
___ z	___ f	___ r	___ i
___ t	___ x	___ n	___ f
___ n	___ s	___ j	___ d
___ h	___ n	___ y	___ v
___ w	___ i	___ f	___ p
___ q	___ d	___ w	___ k
___ k	___ b	___ s	___ g
___ e	___ v	___ o	___ b
___ y	___ q	___ k	___ y
___ s	___ l	___ g	___ q
___ m	___ g	___ e	___ o
___ g	___ t	___ u	___ j
___ y	___ o	___ i	___ e
___ o	___ j	___ m	___ u
___ i	___ e	___ q	___ l

Order my steps in thy word, and let not any iniquity have dominion over me.   Psa. 119:133

© Edwin C. Myers 1985,1989   **AlphaBetter**®   Level 6:   Preceding Letter   4 minutes

Name_____

Date_____

Fill in the letter that comes before:

__ c	__ w	__ x	__ t
__ v	__ r	__ t	__ c
__ p	__ c	__ p	__ w
__ j	__ m	__ c	__ s
__ d	__ h	__ l	__ n
__ x	__ y	__ h	__ x
__ r	__ u	__ d	__ r
__ l	__ p	__ z	__ h
__ f	__ k	__ v	__ m
__ z	__ f	__ r	__ i
__ t	__ x	__ n	__ f
__ n	__ s	__ j	__ d
__ h	__ n	__ y	__ v
__ w	__ i	__ f	__ p
__ q	__ d	__ w	__ k
__ k	__ b	__ s	__ g
__ e	__ v	__ o	__ b
__ y	__ q	__ k	__ y
__ s	__ l	__ g	__ q
__ m	__ g	__ e	__ o
__ g	__ t	__ u	__ j
__ y	__ o	__ i	__ e
__ o	__ j	__ m	__ u
__ i	__ e	__ q	__ l

Order my steps in thy word, and let not any iniquity have dominion over me.   Psa. 119:133

AlphaBetter®   Level 6:   Preceding Letter   4 minutes

Name_____

Date_____

Fill in the letter that comes before:

___ c	___ w	___ x	___ t
___ v	___ r	___ t	___ c
___ p	___ c	___ p	___ w
___ j	___ m	___ c	___ s
___ d	___ h	___ l	___ n
___ x	___ y	___ h	___ x
___ r	___ u	___ d	___ r
___ l	___ p	___ z	___ h
___ f	___ k	___ v	___ m
___ z	___ f	___ r	___ i
___ t	___ x	___ n	___ f
___ n	___ s	___ j	___ d
___ h	___ n	___ y	___ v
___ w	___ i	___ f	___ p
___ q	___ d	___ w	___ k
___ k	___ b	___ s	___ g
___ e	___ v	___ o	___ b
___ y	___ q	___ k	___ y
___ s	___ l	___ g	___ q
___ m	___ g	___ e	___ o
___ g	___ t	___ u	___ j
___ y	___ o	___ i	___ e
___ o	___ j	___ m	___ u
___ i	___ e	___ q	___ l

Order my steps in thy word, and let not any iniquity have dominion over me.   Psa. 119:133

Fill in the letter that comes before:

___ c	___ w	___ x	___ t
___ v	___ r	___ t	___ c
___ p	___ c	___ p	___ w
___ j	___ m	___ c	___ s
___ d	___ h	___ l	___ n
___ x	___ y	___ h	___ x
___ r	___ u	___ d	___ r
___ l	___ p	___ z	___ h
___ f	___ k	___ v	___ m
___ z	___ f	___ r	___ i
___ t	___ x	___ n	___ f
___ n	___ s	___ j	___ d
___ h	___ n	___ y	___ v
___ w	___ i	___ f	___ p
___ q	___ d	___ w	___ k
___ k	___ b	___ s	___ g
___ e	___ v	___ o	___ b
___ y	___ q	___ k	___ y
___ s	___ l	___ g	___ q
___ m	___ g	___ e	___ o
___ g	___ t	___ u	___ j
___ y	___ o	___ i	___ e
___ o	___ j	___ m	___ u
___ i	___ e	___ q	___ l

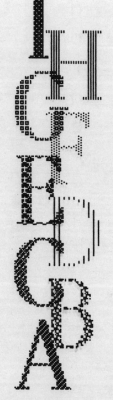

Order my steps in thy word, and let not any iniquity have dominion over me. Psa. 119:133

Name_____

Date_____

Fill in the letter that comes before:

___ c	___ w	___ x	___ t
___ v	___ r	___ t	___ c
___ p	___ c	___ p	___ w
___ j	___ m	___ c	___ s
___ d	___ h	___ l	___ n
___ x	___ y	___ h	___ x
___ r	___ u	___ d	___ r
___ l	___ p	___ z	___ h
___ f	___ k	___ v	___ m
___ z	___ f	___ r	___ i
___ t	___ x	___ n	___ f
___ n	___ s	___ j	___ d
___ h	___ n	___ y	___ v
___ w	___ i	___ f	___ p
___ q	___ d	___ w	___ k
___ k	___ b	___ s	___ g
___ e	___ v	___ o	___ b
___ y	___ q	___ k	___ y
___ s	___ l	___ g	___ q
___ m	___ g	___ e	___ o
___ g	___ t	___ u	___ j
___ y	___ o	___ i	___ e
___ o	___ j	___ m	___ u
___ i	___ e	___ q	___ l

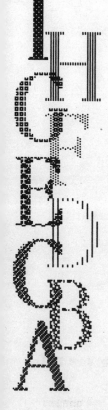

Order my steps in thy word, and let not any iniquity have dominion over me.   Psa. 119:133

AlphaBetter®   Level 6: Preceding Letter   4 minutes

Name_____

Date_____

Fill in the letter that comes before:

___ c	___ w	___ x	___ t
___ v	___ r	___ t	___ c
___ p	___ c	___ p	___ w
___ j	___ m	___ c	___ s
___ d	___ h	___ l	___ n
___ x	___ y	___ h	___ x
___ r	___ u	___ d	___ r
___ l	___ p	___ z	___ h
___ f	___ k	___ v	___ m
___ z	___ f	___ r	___ i
___ t	___ x	___ n	___ f
___ n	___ s	___ j	___ d
___ h	___ n	___ y	___ v
___ w	___ i	___ f	___ p
___ q	___ d	___ w	___ k
___ k	___ b	___ s	___ g
___ e	___ v	___ o	___ b
___ y	___ q	___ k	___ y
___ s	___ l	___ g	___ q
___ m	___ g	___ e	___ o
___ g	___ t	___ u	___ j
___ y	___ o	___ i	___ e
___ o	___ j	___ m	___ u
___ i	___ e	___ q	___ l

Order my steps in thy word, and let not any iniquity have dominion over me. Psa. 119:133

© Edwin C. Myers 1985, 1989   **AlphaBetter**®   Level 6: Preceding Letter   4 minutes

Name_____

Date_____

Underline the letter that comes earlier in the alphabet:

a or b	h or e	g or f	q or v
l or e	i or n	a or d	c or b
i or l	m or t	e or j	f or m
r or m	x or q	u or z	n or s
v or o	r or s	i or b	o or j
q or r	b or g	m or n	v or u
e or b	j or q	z or y	e or d
n or q	f or k	t or q	f or i
j or k	w or r	n or o	l or k
v or w	u or n	j or i	x or u
u or r	j or c	r or y	f or c
c or h	p or k	g or n	s or t
h or g	s or z	d or c	m or j
k or r	d or i	y or v	g or l
g or j	o or r	n or k	u or p
x or s	s or p	o or t	m or l
w or x	h or i	g or d	p or w
k or d	s or l	h or m	t or u
h or k	z or w	f or a	l or o
q or l	t or y	p or i	o or h
p or o	q or p	w or t	e or f
a or h	y or x	m or p	s or v

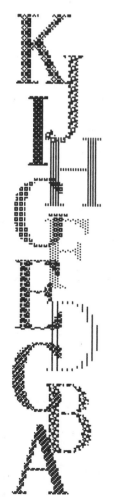

Because the preacher was wise, he...sought out, and set in order many proverbs. Ecc. 12:9

AlphaBetter®   Level 7: Relative Letter Position   4 minutes

Underline the letter that comes earlier in the alphabet:

a or b	h or e	g or f	q or v
l or e	i or n	a or d	c or b
i or l	m or t	e or j	f or m
r or m	x or q	u or z	n or s
v or o	r or s	i or b	o or j
q or r	b or g	m or n	v or u
e or b	j or q	z or y	e or d
n or q	f or k	t or q	f or i
j or k	w or r	n or o	l or k
v or w	u or n	j or i	x or u
u or r	j or c	r or y	f or c
c or h	p or k	g or n	s or t
h or g	s or z	d or c	m or j
k or r	d or i	y or v	g or l
g or j	o or r	n or k	u or p
x or s	s or p	o or t	m or l
w or x	h or i	g or d	p or w
k or d	s or l	h or m	t or u
h or k	z or w	f or a	l or o
q or l	t or y	p or i	o or h
p or o	q or p	w or t	e or f
a or h	y or x	m or p	s or v

Because the preacher was wise, he...sought out, and set in order many proverbs.   Ecc. 12:9

Name_____

Date_____

Underline the letter that comes earlier in the alphabet:

a or b	h or e	g or f	q or v
l or e	i or n	a or d	c or b
i or l	m or t	e or j	f or m
r or m	x or q	u or z	n or s
v or o	r or s	i or b	o or j
q or r	b or g	m or n	v or u
e or b	j or q	z or y	e or d
n or q	f or k	t or q	f or i
j or k	w or r	n or o	l or k
v or w	u or n	j or i	x or u
u or r	j or c	r or y	f or c
c or h	p or k	g or n	s or t
h or g	s or z	d or c	m or j
k or r	d or i	y or v	g or l
g or j	o or r	n or k	u or p
x or s	s or p	o or t	m or l
w or x	h or i	g or d	p or w
k or d	s or l	h or m	t or u
h or k	z or w	f or a	l or o
q or l	t or y	p or i	o or h
p or o	q or p	w or t	e or f
a or h	y or x	m or p	s or v

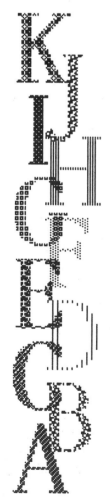

Because the preacher was wise, he...sought out, and set in order many proverbs. Ecc. 12:9

Name_____

Date_____

Underline the letter that comes earlier in the alphabet:

a or b	h or e	g or f	q or v
l or e	i or n	a or d	c or b
i or l	m or t	e or j	f or m
r or m	x or q	u or z	n or s
v or o	r or s	i or b	o or j
q or r	b or g	m or n	v or u
e or b	j or q	z or y	e or d
n or q	f or k	t or q	f or i
j or k	w or r	n or o	l or k
v or w	u or n	j or i	x or u
u or r	j or c	r or y	f or c
c or h	p or k	g or n	s or t
h or g	s or z	d or c	m or j
k or r	d or i	y or v	g or l
g or j	o or r	n or k	u or p
x or s	s or p	o or t	m or l
w or x	h or i	g or d	p or w
k or d	s or l	h or m	t or u
h or k	z or w	f or a	l or o
q or l	t or y	p or i	o or h
p or o	q or p	w or t	e or f
a or h	y or x	m or p	s or v

Because the preacher was wise, he...sought out, and set in order many proverbs.   Ecc. 12:9

AlphaBetter®   Level 7: Relative Letter Position   4 minutes

Name_____

Date_____

Underline the letter that comes earlier in the alphabet:

a or b	h or e	g or f	q or v
l or e	i or n	a or d	c or b
i or l	m or t	e or j	f or m
r or m	x or q	u or z	n or s
v or o	r or s	i or b	o or j
q or r	b or g	m or n	v or u
e or b	j or q	z or y	e or d
n or q	f or k	t or q	f or i
j or k	w or r	n or o	l or k
v or w	u or n	j or i	x or u
u or r	j or c	r or y	f or c
c or h	p or k	g or n	s or t
h or g	s or z	d or c	m or j
k or r	d or i	y or v	g or l
g or j	o or r	n or k	u or p
x or s	s or p	o or t	m or l
w or x	h or i	g or d	p or w
k or d	s or l	h or m	t or u
h or k	z or w	f or a	l or o
q or l	t or y	p or i	o or h
p or o	q or p	w or t	e or f
a or h	y or x	m or p	s or v

Because the preacher was wise, he...sought out, and set in order many proverbs. Ecc. 12:9

© Edwin C. Myers 1985,1989   **AlphaBetter**®   Level 7: Relative Letter Position   4 minutes

Name_____

Date_____

Underline the letter that comes earlier in the alphabet:

a or b	h or e	g or f	q or v
l or e	i or n	a or d	c or b
i or l	m or t	e or j	f or m
r or m	x or q	u or z	n or s
v or o	r or s	i or b	o or j
q or r	b or g	m or n	v or u
e or b	j or q	z or y	e or d
n or q	f or k	t or q	f or i
j or k	w or r	n or o	l or k
v or w	u or n	j or i	x or u
u or r	j or c	r or y	f or c
c or h	p or k	g or n	s or t
h or g	s or z	d or c	m or j
k or r	d or i	y or v	g or l
g or j	o or r	n or k	u or p
x or s	s or p	o or t	m or l
w or x	h or i	g or d	p or w
k or d	s or l	h or m	t or u
h or k	z or w	f or a	l or o
q or l	t or y	p or i	o or h
p or o	q or p	w or t	e or f
a or h	y or x	m or p	s or v

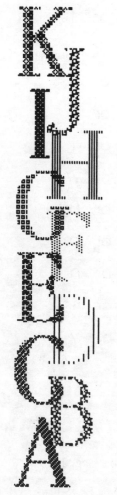

Because the preacher was wise, he...sought out, and set in order many proverbs.   Ecc. 12:9

Underline the letter that comes earlier in the alphabet:

a or b	h or e	g or f	q or v
l or e	i or n	a or d	c or b
i or l	m or t	e or j	f or m
r or m	x or q	u or z	n or s
v or o	r or s	i or b	o or j
q or r	b or g	m or n	v or u
e or b	j or q	z or y	e or d
n or q	f or k	t or q	f or i
j or k	w or r	n or o	l or k
v or w	u or n	j or i	x or u
u or r	j or c	r or y	f or c
c or h	p or k	g or n	s or t
h or g	s or z	d or c	m or j
k or r	d or i	y or v	g or l
g or j	o or r	n or k	u or p
x or s	s or p	o or t	m or l
w or x	h or i	g or d	p or w
k or d	s or l	h or m	t or u
h or k	z or w	f or a	l or o
q or l	t or y	p or i	o or h
p or o	q or p	w or t	e or f
a or h	y or x	m or p	s or v

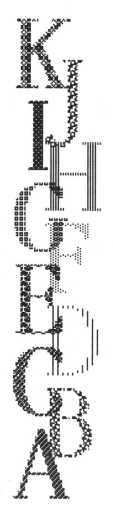

Because the preacher was wise, he...sought out, and set in order many proverbs. Ecc. 12:9

© Edwin C. Myers 1985,1989   **AlphaBetter**®   Level 7: Relative Letter Position   4 minutes

Name_____

Date_____

Underline the letter that comes earlier in the alphabet:

a or b	h or e	g or f	q or v
l or e	i or n	a or d	c or b
i or l	m or t	e or j	f or m
r or m	x or q	u or z	n or s
v or o	r or s	i or b	o or j
q or r	b or g	m or n	v or u
e or b	j or q	z or y	e or d
n or q	f or k	t or q	f or i
j or k	w or r	n or o	l or k
v or w	u or n	j or i	x or u
u or r	j or c	r or y	f or c
c or h	p or k	g or n	s or t
h or g	s or z	d or c	m or j
k or r	d or i	y or v	g or l
g or j	o or r	n or k	u or p
x or s	s or p	o or t	m or l
w or x	h or i	g or d	p or w
k or d	s or l	h or m	t or u
h or k	z or w	f or a	l or o
q or l	t or y	p or i	o or h
p or o	q or p	w or t	e or f
a or h	y or x	m or p	s or v

Because the preacher was wise, he...sought out, and set in order many proverbs.   Ecc. 12:9

Name_____

Date_____

Underline the letter that comes earlier in the alphabet:

a or b	h or e	g or f	q or v
l or e	i or n	a or d	c or b
i or l	m or t	e or j	f or m
r or m	x or q	u or z	n or s
v or o	r or s	i or b	o or j
q or r	b or g	m or n	v or u
e or b	j or q	z or y	e or d
n or q	f or k	t or q	f or i
j or k	w or r	n or o	l or k
v or w	u or n	j or i	x or u
u or r	j or c	r or y	f or c
c or h	p or k	g or n	s or t
h or g	s or z	d or c	m or j
k or r	d or i	y or v	g or l
g or j	o or r	n or k	u or p
x or s	s or p	o or t	m or l
w or x	h or i	g or d	p or w
k or d	s or l	h or m	t or u
h or k	z or w	f or a	l or o
q or l	t or y	p or i	o or h
p or o	q or p	w or t	e or f
a or h	y or x	m or p	s or v

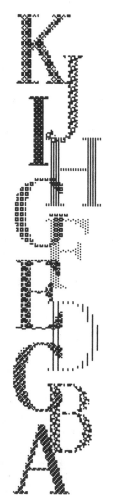

Because the preacher was wise, he...sought out, and set in order many proverbs. Ecc. 12:9

Underline the letter that comes earlier in the alphabet:

a or b	h or e	g or f	q or v
l or e	i or n	a or d	c or b
i or l	m or t	e or j	f or m
r or m	x or q	u or z	n or s
v or o	r or s	i or b	o or j
q or r	b or g	m or n	v or u
e or b	j or q	z or y	e or d
n or q	f or k	t or q	f or i
j or k	w or r	n or o	l or k
v or w	u or n	j or i	x or u
u or r	j or c	r or y	f or c
c or h	p or k	g or n	s or t
h or g	s or z	d or c	m or j
k or r	d or i	y or v	g or l
g or j	o or r	n or k	u or p
x or s	s or p	o or t	m or l
w or x	h or i	g or d	p or w
k or d	s or l	h or m	t or u
h or k	z or w	f or a	l or o
q or l	t or y	p or i	o or h
p or o	q or p	w or t	e or f
a or h	y or x	m or p	s or v

Because the preacher was wise, he...sought out, and set in order many proverbs.   Ecc. 12:9

© Edwin C. Myers 1985,1989   **AlphaBetter**®   Level 7: Relative Letter Position   4 minutes

Underline the letter that comes earlier in the alphabet:

a or b	h or e	g or f	q or v
l or e	i or n	a or d	c or b
i or l	m or t	e or j	f or m
r or m	x or q	u or z	n or s
v or o	r or s	i or b	o or j
q or r	b or g	m or n	v or u
e or b	j or q	z or y	e or d
n or q	f or k	t or q	f or i
j or k	w or r	n or o	l or k
v or w	u or n	j or i	x or u
u or r	j or c	r or y	f or c
c or h	p or k	g or n	s or t
h or g	s or z	d or c	m or j
k or r	d or i	y or v	g or l
g or j	o or r	n or k	u or p
x or s	s or p	o or t	m or l
w or x	h or i	g or d	p or w
k or d	s or l	h or m	t or u
h or k	z or w	f or a	l or o
q or l	t or y	p or i	o or h
p or o	q or p	w or t	e or f
a or h	y or x	m or p	s or v

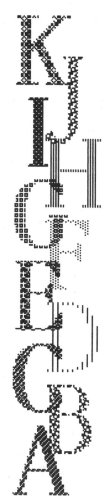

Because the preacher was wise, he...sought out, and set in order many proverbs. Ecc. 12:9

Underline the letter that comes earlier in the alphabet:

a or b	h or e	g or f	q or v
l or e	i or n	a or d	c or b
i or l	m or t	e or j	f or m
r or m	x or q	u or z	n or s
v or o	r or s	i or b	o or j
q or r	b or g	m or n	v or u
e or b	j or q	z or y	e or d
n or q	f or k	t or q	f or i
j or k	w or r	n or o	l or k
v or w	u or n	j or i	x or u
u or r	j or c	r or y	f or c
c or h	p or k	g or n	s or t
h or g	s or z	d or c	m or j
k or r	d or i	y or v	g or l
g or j	o or r	n or k	u or p
x or s	s or p	o or t	m or l
w or x	h or i	g or d	p or w
k or d	s or l	h or m	t or u
h or k	z or w	f or a	l or o
q or l	t or y	p or i	o or h
p or o	q or p	w or t	e or f
a or h	y or x	m or p	s or v

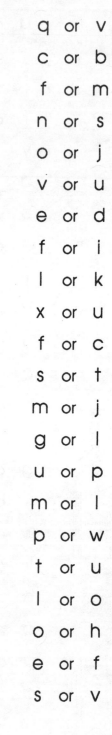

Because the preacher was wise, he...sought out, and set in order many proverbs.   Ecc. 12:9

Underline the letter that comes earlier in the alphabet:

a or c	j or b	q or s	r or v
n or f	l or u	g or c	j or d
k or o	w or q	s or m	n or v
y or p	k or g	o or i	e or k
h or b	v or x	h or q	w or s
g or i	c or k	d or m	i or k
t or l	l or h	r or t	o or w
q or u	m or v	p or n	x or t
c or l	x or r	a or j	f or h
n or h	w or y	l or f	s or k
o or m	l or d	e or n	g or a
r or z	m or i	o or q	l or j
h or d	n or w	k or m	p or g
i or r	y or s	p or j	b or d
n or t	e or i	x or p	o or g
u or s	x or z	k or b	e or c
e or m	s or j	u or y	p or l
n or j	t or v	m or g	n or r
o or x	e or a	p or t	f or d
z or t	k or q	l or n	q or i
f or j	u or o	y or q	h or p
i or a	p or r	v or z	g or e
t or k	b or f	c or i	m or q
p or v	l or r	u or m	j or r
u or w	f or o	j or h	o or s

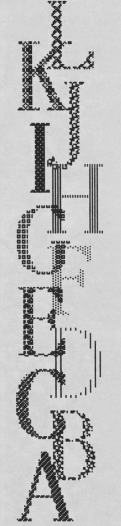

The preacher sought to find out acceptable words... Ecc. 12:10

Underline the letter that comes earlier in the alphabet:

a or c	j or b	q or s	r or v
n or f	l or u	g or c	j or d
k or o	w or q	s or m	n or v
y or p	k or g	o or i	e or k
h or b	v or x	h or q	w or s
g or i	c or k	d or m	i or k
t or l	l or h	r or t	o or w
q or u	m or v	p or n	x or t
c or l	x or r	a or j	f or h
n or h	w or y	l or f	s or k
o or m	l or d	e or n	g or a
r or z	m or i	o or q	l or j
h or d	n or w	k or m	p or g
i or r	y or s	p or j	b or d
n or t	e or i	x or p	o or g
u or s	x or z	k or b	e or c
e or m	s or j	u or y	p or l
n or j	t or v	m or g	n or r
o or x	e or a	p or t	f or d
z or t	k or q	l or n	q or i
f or j	u or o	y or q	h or p
i or a	p or r	v or z	g or e
t or k	b or f	c or i	m or q
p or v	l or r	u or m	j or r
u or w	f or o	j or h	o or s

The preacher sought to find out acceptable words... Ecc. 12:10

Name_____

Date_____

Underline the letter that comes earlier in the alphabet:

a or c	j or b	q or s	r or v
n or f	l or u	g or c	j or d
k or o	w or q	s or m	n or v
y or p	k or g	o or i	e or k
h or b	v or x	h or q	w or s
g or i	c or k	d or m	i or k
t or l	l or h	r or t	o or w
q or u	m or v	p or n	x or t
c or l	x or r	a or j	f or h
n or h	w or y	l or f	s or k
o or m	l or d	e or n	g or a
r or z	m or i	o or q	l or j
h or d	n or w	k or m	p or g
i or r	y or s	p or j	b or d
n or t	e or i	x or p	o or g
u or s	x or z	k or b	e or c
e or m	s or j	u or y	p or l
n or j	t or v	m or g	n or r
o or x	e or a	p or t	f or d
z or t	k or q	l or n	q or i
f or j	u or o	y or q	h or p
i or a	p or r	v or z	g or e
t or k	b or f	c or i	m or q
p or v	l or r	u or m	j or r
u or w	f or o	j or h	o or s

The preacher sought to find out acceptable words... Ecc. 12:10

Name_____

Date_____

Underline the letter that comes earlier in the alphabet:

a or c	j or b	q or s	r or v
n or f	l or u	g or c	j or d
k or o	w or q	s or m	n or v
y or p	k or g	o or i	e or k
h or b	v or x	h or q	w or s
g or i	c or k	d or m	i or k
t or l	l or h	r or t	o or w
q or u	m or v	p or n	x or t
c or l	x or r	a or j	f or h
n or h	w or y	l or f	s or k
o or m	l or d	e or n	g or a
r or z	m or i	o or q	l or j
h or d	n or w	k or m	p or g
i or r	y or s	p or j	b or d
n or t	e or i	x or p	o or g
u or s	x or z	k or b	e or c
e or m	s or j	u or y	p or l
n or j	t or v	m or g	n or r
o or x	e or a	p or t	f or d
z or t	k or q	l or n	q or i
f or j	u or o	y or q	h or p
i or a	p or r	v or z	g or e
t or k	b or f	c or i	m or q
p or v	l or r	u or m	j or r
u or w	f or o	j or h	o or s

The preacher sought to find out acceptable words... Ecc. 12:10

AlphaBetter®   Level 8: Relative Letter Position   4 minutes

Underline the letter that comes earlier in the alphabet:

a or c	j or b	q or s	r or v
n or f	l or u	g or c	j or d
k or o	w or q	s or m	n or v
y or p	k or g	o or i	e or k
h or b	v or x	h or q	w or s
g or i	c or k	d or m	i or k
t or l	l or h	r or t	o or w
q or u	m or v	p or n	x or t
c or l	x or r	a or j	f or h
n or h	w or y	l or f	s or k
o or m	l or d	e or n	g or a
r or z	m or i	o or q	l or j
h or d	n or w	k or m	p or g
i or r	y or s	p or j	b or d
n or t	e or i	x or p	o or g
u or s	x or z	k or b	e or c
e or m	s or j	u or y	p or l
n or j	t or v	m or g	n or r
o or x	e or a	p or t	f or d
z or t	k or q	l or n	q or i
f or j	u or o	y or q	h or p
i or a	p or r	v or z	g or e
t or k	b or f	c or i	m or q
p or v	l or r	u or m	j or r
u or w	f or o	j or h	o or s

The preacher sought to find out acceptable words... Ecc. 12:10

Underline the letter that comes earlier in the alphabet:

a or c	j or b	q or s	r or v
n or f	l or u	g or c	j or d
k or o	w or q	s or m	n or v
y or p	k or g	o or i	e or k
h or b	v or x	h or q	w or s
g or i	c or k	d or m	i or k
t or l	l or h	r or t	o or w
q or u	m or v	p or n	x or t
c or l	x or r	a or j	f or h
n or h	w or y	l or f	s or k
o or m	l or d	e or n	g or a
r or z	m or i	o or q	l or j
h or d	n or w	k or m	p or g
i or r	y or s	p or j	b or d
n or t	e or i	x or p	o or g
u or s	x or z	k or b	e or c
e or m	s or j	u or y	p or l
n or j	t or v	m or g	n or r
o or x	e or a	p or t	f or d
z or t	k or q	l or n	q or i
f or j	u or o	y or q	h or p
i or a	p or r	v or z	g or e
t or k	b or f	c or i	m or q
p or v	l or r	u or m	j or r
u or w	f or o	j or h	o or s

The preacher sought to find out acceptable words... Ecc. 12:10

Name_____

Date_____

Underline the letter that comes earlier in the alphabet:

a or c	j or b	q or s	r or v
n or f	l or u	g or c	j or d
k or o	w or q	s or m	n or v
y or p	k or g	o or i	e or k
h or b	v or x	h or q	w or s
g or i	c or k	d or m	i or k
t or l	l or h	r or t	o or w
q or u	m or v	p or n	x or t
c or l	x or r	a or j	f or h
n or h	w or y	l or f	s or k
o or m	l or d	e or n	g or a
r or z	m or i	o or q	l or j
h or d	n or w	k or m	p or g
i or r	y or s	p or j	b or d
n or t	e or i	x or p	o or g
u or s	x or z	k or b	e or c
e or m	s or j	u or y	p or l
n or j	t or v	m or g	n or r
o or x	e or a	p or t	f or d
z or t	k or q	l or n	q or i
f or j	u or o	y or q	h or p
i or a	p or r	v or z	g or e
t or k	b or f	c or i	m or q
p or v	l or r	u or m	j or r
u or w	f or o	j or h	o or s

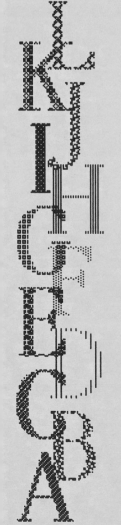

The preacher sought to find out acceptable words... Ecc. 12:10

Underline the letter that comes earlier in the alphabet:

a or c	j or b	q or s	r or v
n or f	l or u	g or c	j or d
k or o	w or q	s or m	n or v
y or p	k or g	o or i	e or k
h or b	v or x	h or q	w or s
g or i	c or k	d or m	i or k
t or l	l or h	r or t	o or w
q or u	m or v	p or n	x or t
c or l	x or r	a or j	f or h
n or h	w or y	l or f	s or k
o or m	l or d	e or n	g or a
r or z	m or i	o or q	l or j
h or d	n or w	k or m	p or g
i or r	y or s	p or j	b or d
n or t	e or i	x or p	o or g
u or s	x or z	k or b	e or c
e or m	s or j	u or y	p or l
n or j	t or v	m or g	n or r
o or x	e or a	p or t	f or d
z or t	k or q	l or n	q or i
f or j	u or o	y or q	h or p
i or a	p or r	v or z	g or e
t or k	b or f	c or i	m or q
p or v	l or r	u or m	j or r
u or w	f or o	j or h	o or s

The preacher sought to find out acceptable words... Ecc. 12:10

© Edwin C. Myers 1985,1989   **AlphaBetter**®   Level 8: Relative Letter Position   4 minutes

Underline the letter that comes earlier in the alphabet:

a or c	j or b	q or s	r or v
n or f	l or u	g or c	j or d
k or o	w or q	s or m	n or v
y or p	k or g	o or i	e or k
h or b	v or x	h or q	w or s
g or i	c or k	d or m	i or k
t or l	l or h	r or t	o or w
q or u	m or v	p or n	x or t
c or l	x or r	a or j	f or h
n or h	w or y	l or f	s or k
o or m	l or d	e or n	g or a
r or z	m or i	o or q	l or j
h or d	n or w	k or m	p or g
i or r	y or s	p or j	b or d
n or t	e or i	x or p	o or g
u or s	x or z	k or b	e or c
e or m	s or j	u or y	p or l
n or j	t or v	m or g	n or r
o or x	e or a	p or t	f or d
z or t	k or q	l or n	q or i
f or j	u or o	y or q	h or p
i or a	p or r	v or z	g or e
t or k	b or f	c or i	m or q
p or v	l or r	u or m	j or r
u or w	f or o	j or h	o or s

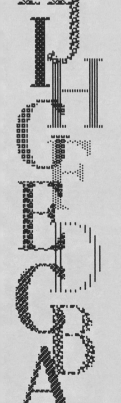

The preacher sought to find out acceptable words... Ecc. 12:10

Name_____
Date_____

Underline the letter that comes earlier in the alphabet:

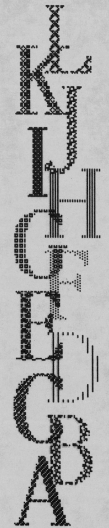

a or c	j or b	q or s	r or v
n or f	l or u	g or c	j or d
k or o	w or q	s or m	n or v
y or p	k or g	o or i	e or k
h or b	v or x	h or q	w or s
g or i	c or k	d or m	i or k
t or l	l or h	r or t	o or w
q or u	m or v	p or n	x or t
c or l	x or r	a or j	f or h
n or h	w or y	l or f	s or k
o or m	l or d	e or n	g or a
r or z	m or i	o or q	l or j
h or d	n or w	k or m	p or g
i or r	y or s	p or j	b or d
n or t	e or i	x or p	o or g
u or s	x or z	k or b	e or c
e or m	s or j	u or y	p or l
n or j	t or v	m or g	n or r
o or x	e or a	p or t	f or d
z or t	k or q	l or n	q or i
f or j	u or o	y or q	h or p
i or a	p or r	v or z	g or e
t or k	b or f	c or i	m or q
p or v	l or r	u or m	j or r
u or w	f or o	j or h	o or s

The preacher sought to find out acceptable words... Ecc. 12:10

Underline the letter that comes earlier in the alphabet:

a or c	j or b	q or s	r or v
n or f	l or u	g or c	j or d
k or o	w or q	s or m	n or v
y or p	k or g	o or i	e or k
h or b	v or x	h or q	w or s
g or i	c or k	d or m	i or k
t or l	l or h	r or t	o or w
q or u	m or v	p or n	x or t
c or l	x or r	a or j	f or h
n or h	w or y	l or f	s or k
o or m	l or d	e or n	g or a
r or z	m or i	o or q	l or j
h or d	n or w	k or m	p or g
i or r	y or s	p or j	b or d
n or t	e or i	x or p	o or g
u or s	x or z	k or b	e or c
e or m	s or j	u or y	p or l
n or j	t or v	m or g	n or r
o or x	e or a	p or t	f or d
z or t	k or q	l or n	q or i
f or j	u or o	y or q	h or p
i or a	p or r	v or z	g or e
t or k	b or f	c or i	m or q
p or v	l or r	u or m	j or r
u or w	f or o	j or h	o or s

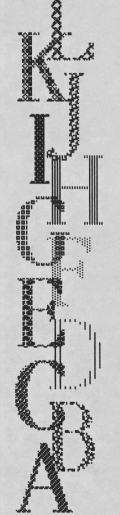

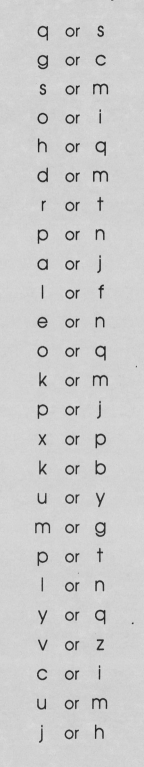

The preacher sought to find out acceptable words...   Ecc. 12:10

Name_____

Date_____

Underline the letter that comes earlier in the alphabet:

a or c	j or b	q or s	r or v
n or f	l or u	g or c	j or d
k or o	w or q	s or m	n or v
y or p	k or g	o or i	e or k
h or b	v or x	h or q	w or s
g or i	c or k	d or m	i or k
t or l	l or h	r or t	o or w
q or u	m or v	p or n	x or t
c or l	x or r	a or j	f or h
n or h	w or y	l or f	s or k
o or m	l or d	e or n	g or a
r or z	m or i	o or q	l or j
h or d	n or w	k or m	p or g
i or r	y or s	p or j	b or d
n or t	e or i	x or p	o or g
u or s	x or z	k or b	e or c
e or m	s or j	u or y	p or l
n or j	t or v	m or g	n or r
o or x	e or a	p or t	f or d
z or t	k or q	l or n	q or i
f or j	u or o	y or q	h or p
i or a	p or r	v or z	g or e
t or k	b or f	c or i	m or q
p or v	l or r	u or m	j or r
u or w	f or o	j or h	o or s

The preacher sought to find out acceptable words... Ecc. 12:10

This page shows pairs of letter groups. Each group has two letters.
Look at the **first letter** of each letter group in a pair.

❶ Are the letters different?   If *YES* ➺ Put "X" after the group with the letter
                              If *NO* ↘   that comes earlier in the alphabet.

Look at the **next letter** in each group and go back to ❶.

ba __	gs __	du __	om __	tu __
da __	gl __	dp __	oi __	po __
my __	ni __	sx __	zp __	hm __
mx __	ia __	sz __	zk __	hj __
pv __	kr __	dx __	bp __	lh __
po __	zr __	ar __	bw __	ld __
tn __	hu __	fo __	at __	nu __
rf __	hz __	fm __	ay __	nw __
xt __	gl __	rb __	mh __	dk __
xq __	gi __	wb __	mb __	dg __
ac __	ci __	bk __	rn __	rc __
ah __	ar __	bo __	nw __	rl __
fy __	or __	vt __	ue __	nf __
hp __	oy __	vl __	ub __	fo __
nx __	tn __	yu __	im __	cr __
ns __	tk __	yr __	in __	gt __
sq __	uw __	nk __	sn __	th __
sl __	yq __	nr __	so __	mq __
xg __	rf __	pn __	ld __	wf __
vg __	ra __	pt __	lc __	wg __
yq __	hk __	fe __	pc __	yn __
yv __	hd __	dn __	pk __	eh __
pn __	te __	ka __	gs __	fw __
mn __	tm __	kh __	vq __	fy __
lq __	eo __	cl __	rx __	sm __
ou __	ej __	cu __	rq __	pm __
qu __	kl __	wl __	ss __	mw __
qn __	kk __	zh __	os __	mt __
ud __	qz __	fm __	wf __	tf __
ui __	st __	fv __	wk __	tm __

If you can answer me, set your words in order before me, stand up.   Job 33:5

AlphaBetter®   Level 9: Two-letter Sequences   4 minutes

Name_____

Date_____

This page shows pairs of letter groups. Each group has two letters.
Look at the **first letter** of each letter group in a pair.

❶ Are the letters different? If *YES* ➤ Put "X" after the group with the letter
                              If *NO* ↘ that comes earlier in the alphabet.

Look at the **next letter** in each group and go back to ❶.

ba __	gs __	du __	om __	tu __
da __	gl __	dp __	oi __	po __
my __	ni __	sx __	zp __	hm __
mx __	ia __	sz __	zk __	hj __
pv __	kr __	dx __	bp __	lh __
po __	zr __	ar __	bw __	ld __
tn __	hu __	fo __	at __	nu __
rf __	hz __	fm __	ay __	nw __
xt __	gl __	rb __	mh __	dk __
xq __	gi __	wb __	mb __	dg __
ac __	ci __	bk __	rn __	rc __
ah __	ar __	bo __	nw __	rl __
fy __	or __	vt __	ue __	nf __
hp __	oy __	vl __	ub __	fo __
nx __	tn __	yu __	im __	cr __
ns __	tk __	yr __	in __	gt __
sq __	uw __	nk __	sn __	th __
sl __	yq __	nr __	so __	mq __
xg __	rf __	pn __	ld __	wf __
vg __	ra __	pt __	lc __	wg __
yq __	hk __	fe __	pc __	yn __
yv __	hd __	dn __	pk __	eh __
pn __	te __	ka __	gs __	fw __
mn __	tm __	kh __	vq __	fy __
lq __	eo __	cl __	rx __	sm __
ou __	ej __	cu __	rq __	pm __
qu __	kl __	wl __	ss __	mw __
qn __	kk __	zh __	os __	mt __
ud __	qz __	fm __	wf __	tf __
ui __	st __	fv __	wk __	tm __

If you can answer me, set your words in order before me, stand up.   Job 33:5

Name_____

Date_____

This page shows pairs of letter groups. Each group has two letters.
Look at the **first letter** of each letter group in a pair.

❶ Are the letters different?   If *YES* ➤ Put "X" after the group with the letter
                                 If *NO* ↘   that comes earlier in the alphabet.

Look at the **next letter** in each group and go back to ❶.

ba __	gs __	du __	om __	tu __
da __	gl __	dp __	oi __	po __
my __	ni __	sx __	zp __	hm __
mx __	ia __	sz __	zk __	hj __
pv __	kr __	dx __	bp __	lh __
po __	zr __	ar __	bw __	ld __
tn __	hu __	fo __	at __	nu __
rf __	hz __	fm __	ay __	nw __
xt __	gl __	rb __	mh __	dk __
xq __	gi __	wb __	mb __	dg __
ac __	ci __	bk __	rn __	rc __
ah __	ar __	bo __	nw __	rl __
fy __	or __	vt __	ue __	nf __
hp __	oy __	vl __	ub __	fo __
nx __	tn __	yu __	im __	cr __
ns __	tk __	yr __	in __	gt __
sq __	uw __	nk __	sn __	th __
sl __	yq __	nr __	so __	mq __
xg __	rf __	pn __	ld __	wf __
vg __	ra __	pt __	lc __	wg __
yq __	hk __	fe __	pc __	yn __
yv __	hd __	dn __	pk __	eh __
pn __	te __	ka __	gs __	fw __
mn __	tm __	kh __	vq __	fy __
lq __	eo __	cl __	rx __	sm __
ou __	ej __	cu __	rq __	pm __
qu __	kl __	wl __	ss __	mw __
qn __	kk __	zh __	os __	mt __
ud __	qz __	fm __	wf __	tf __
ui __	st __	fv __	wk __	tm __

If you can answer me, set your words in order before me, stand up.   Job 33:5

Name_____

Date_____

This page shows pairs of letter groups. Each group has two letters.
Look at the **first letter** of each letter group in a pair.

❶ Are the letters different? If *YES* ➥ Put "X" after the group with the letter
If *NO* ↙ that comes earlier in the alphabet.

Look at the **next letter** in each group and go back to ❶.

ba __	gs __	du __	om __	tu __
da __	gl __	dp __	oi __	po __
my __	ni __	sx __	zp __	hm __
mx __	ia __	sz __	zk __	hj __
pv __	kr __	dx __	bp __	lh __
po __	zr __	ar __	bw __	ld __
tn __	hu __	fo __	at __	nu __
rf __	hz __	fm __	ay __	nw __
xt __	gl __	rb __	mh __	dk __
xq __	gi __	wb __	mb __	dg __
ac __	ci __	bk __	rn __	rc __
ah __	ar __	bo __	nw __	rl __
fy __	or __	vt __	ue __	nf __
hp __	oy __	vl __	ub __	fo __
nx __	tn __	yu __	im __	cr __
ns __	tk __	yr __	in __	gt __
sq __	uw __	nk __	sn __	th __
sl __	yq __	nr __	so __	mq __
xg __	rf __	pn __	ld __	wf __
vg __	ra __	pt __	lc __	wg __
yq __	hk __	fe __	pc __	yn __
yv __	hd __	dn __	pk __	eh __
pn __	te __	ka __	gs __	fw __
mn __	tm __	kh __	vq __	fy __
lq __	eo __	cl __	rx __	sm __
ou __	ej __	cu __	rq __	pm __
qu __	kl __	wl __	ss __	mw __
qn __	kk __	zh __	os __	mt __
ud __	qz __	fm __	wf __	tf __
ui __	st __	fv __	wk __	tm __

If you can answer me, set your words in order before me, stand up.   Job 33:5

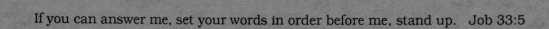

Name_____

Date_____

This page shows pairs of letter groups. Each group has two letters.
Look at the **first letter** of each letter group in a pair.

❶ Are the letters different? If *YES* ➤➤ Put "X" after the group with the letter
If *NO* ➘ that comes earlier in the alphabet.

Look at the **next letter** in each group and go back to ❶.

ba __	gs __	du __	om __	tu __
da __	gl __	dp __	oi __	po __
my __	ni __	sx __	zp __	hm __
mx __	ia __	sz __	zk __	hj __
pv __	kr __	dx __	bp __	lh __
po __	zr __	ar __	bw __	ld __
tn __	hu __	fo __	at __	nu __
rf __	hz __	fm __	ay __	nw __
xt __	gl __	rb __	mh __	dk __
xq __	gi __	wb __	mb __	dg __
ac __	ci __	bk __	rn __	rc __
ah __	ar __	bo __	nw __	rl __
fy __	or __	vt __	ue __	nf __
hp __	oy __	vl __	ub __	fo __
nx __	tn __	yu __	im __	cr __
ns __	tk __	yr __	in __	gt __
sq __	uw __	nk __	sn __	th __
sl __	yq __	nr __	so __	mq __
xg __	rf __	pn __	ld __	wf __
vg __	ra __	pt __ .	lc __	wg __
yq __	hk __	fe __	pc __	yn __
yv __	hd __	dn __	pk __	eh __
pn __	te __	ka __	gs __	fw __
mn __	tm __	kh __	vq __	fy __
lq __	eo __	cl __	rx __	sm __
ou __	ej __	cu __	rq __	pm __
qu __	kl __	wl __	ss __	mw __
qn __	kk __	zh __	os __	mt __
ud __	qz __	fm __	wf __	tf __
ui __	st __	fv __	wk __	tm __

If you can answer me, set your words in order before me, stand up. Job 33:5

AlphaBetter® Level 9: Two-letter Sequences 4 minutes

This page shows pairs of letter groups. Each group has two letters.
Look at the **first letter** of each letter group in a pair.

❶ Are the letters different?　If *YES* ➤➤ Put "X" after the group with the letter
　　　　　　　　　　　　If *NO* ➤　　that comes earlier in the alphabet.

Look at the **next letter** in each group and go back to ❶.

ba __	gs __	du __	om __	tu __
da __	gl __	dp __	oi __	po __
my __	ni __	sx __	zp __	hm __
mx __	ia __	sz __	zk __	hj __
pv __	kr __	dx __	bp __	lh __
po __	zr __	ar __	bw __	ld __
tn __	hu __	fo __	at __	nu __
rf __	hz __	fm __	ay __	nw __
xt __	gl __	rb __	mh __	dk __
xq __	gi __	wb __	mb __	dg __
ac __	ci __	bk __	rn __	rc __
ah __	ar __	bo __	nw __	rl __
fy __	or __	vt __	ue __	nf __
hp __	oy __	vl __	ub __	fo __
nx __	tn __	yu __	im __	cr __
ns __	tk __	yr __	in __	gt __
sq __	uw __	nk __	sn __	th __
sl __	yq __	nr __	so __	mq __
xg __	rf __	pn __	ld __	wf __
vg __	ra __	pt __	lc __	wg __
yq __	hk __	fe __	pc __	yn __
yv __	hd __	dn __	pk __	eh __
pn __	te __	ka __	gs __	fw __
mn __	tm __	kh __	vq __	fy __
lq __	eo __	cl __	rx __	sm __
ou __	ej __	cu __	rq __	pm __
qu __	kl __	wl __	ss __	mw __
qn __	kk __	zh __	os __	mt __
ud __	qz __	fm __	wf __	tf __
ui __	st __	fv __	wk __	tm __

If you can answer me, set your words in order before me, stand up.　Job 33:5

This page shows pairs of letter groups. Each group has two letters.
Look at the **first letter** of each letter group in a pair.

❶ Are the letters different?   If *YES* ➤➤ Put "X" after the group with the letter
                              If *NO* ↘   that comes earlier in the alphabet.

Look at the **next letter** in each group and go back to ❶.

ba __	gs __	du __	om __	tu __
da __	gl __	dp __	oi __	po __
my __	ni __	sx __	zp __	hm __
mx __	ia __	sz __	zk __	hj __
pv __	kr __	dx __	bp __	lh __
po __	zr __	ar __	bw __	ld __
tn __	hu __	fo __	at __	nu __
rf __	hz __	fm __	ay __	nw __
xt __	gl __	rb __	mh __	dk __
xq __	gi __	wb __	mb __	dg __
ac __	ci __	bk __	rn __	rc __
ah __	ar __	bo __	nw __	rl __
fy __	or __	vt __	ue __	nf __
hp __	oy __	vl __	ub __	fo __
nx __	tn __	yu __	im __	cr __
ns __	tk __	yr __	in __	gt __
sq __	uw __	nk __	sn __	th __
sl __	yq __	nr __	so __	mq __
xg __	rf __	pn __	ld __	wf __
vg __	ra __	pt __	lc __	wg __
yq __	hk __	fe __	pc __	yn __
yv __	hd __	dn __	pk __	eh __
pn __	te __	ka __	gs __	fw __
mn __	tm __	kh __	vq __	fy __
lq __	eo __	cl __	rx __	sm __
ou __	ej __	cu __	rq __	pm __
qu __	kl __	wl __	ss __	mw __
qn __	kk __	zh __	os __	mt __
ud __	qz __	fm __	wf __	tf __
ui __	st __	fv __	wk __	tm __

If you can answer me, set your words in order before me, stand up.   Job 33:5

Name_____

Date_____

This page shows pairs of letter groups. Each group has two letters.
Look at the **first letter** of each letter group in a pair.

❶ Are the letters different? If *YES* �➤ Put "X" after the group with the letter
                               If *NO* ↘   that comes earlier in the alphabet.

Look at the **next letter** in each group and go back to ❶.

ba __	gs __	du __	om __	tu __
da __	gl __	dp __	oi __	po __
my __	ni __	sx __	zp __	hm __
mx __	ia __	sz __	zk __	hj __
pv __	kr __	dx __	bp __	lh __
po __	zr __	ar __	bw __	ld __
tn __	hu __	fo __	at __	nu __
rf __	hz __	fm __	ay __	nw __
xt __	gl __	rb __	mh __	dk __
xq __	gi __	wb __	mb __	dg __
ac __	ci __	bk __	rn __	rc __
ah __	ar __	bo __	nw __	rl __
fy __	or __	vt __	ue __	nf __
hp __	oy __	vl __	ub __	fo __
nx __	tn __	yu __	im __	cr __
ns __	tk __	yr __	in __	gt __
sq __	uw __	nk __	sn __	th __
sl __	yq __	nr __	so __	mq __
xg __	rf __	pn __	ld __	wf __
vg __	ra __	pt __	lc __	wg __
yq __	hk __	fe __	pc __	yn __
yv __	hd __	dn __	pk __	eh __
pn __	te __	ka __	gs __	fw __
mn __	tm __	kh __	vq __	fy __
lq __	eo __	cl __	rx __	sm __
ou __	ej __	cu __	rq __	pm __
qu __	kl __	wl __	ss __	mw __
qn __	kk __	zh __	os __	mt __
ud __	qz __	fm __	wf __	tf __
ui __	st __	fv __	wk __	tm __

If you can answer me, set your words in order before me, stand up. Job 33:5

© Edwin C. Myers 1985,1989   **AlphaBetter**®   Level 9: Two-letter Sequences   4 minutes

Name_____

Date_____

This page shows pairs of letter groups. Each group has two letters.
Look at the **first letter** of each letter group in a pair.

❶ Are the letters different? If *YES* ➤➤ Put "X" after the group with the letter
                              If *NO* ↘   that comes earlier in the alphabet.

Look at the **next letter** in each group and go back to ❶.

ba __	gs __	du __	om __	tu __
da __	gl __	dp __	oi __	po __
my __	ni __	sx __	zp __	hm __
mx __	ia __	sz __	zk __	hj __
pv __	kr __	dx __	bp __	lh __
po __	zr __	ar __	bw __	ld __
tn __	hu __	fo __	at __	nu __
rf __	hz __	fm __	ay __	nw __
xt __	gl __	rb __	mh __	dk __
xq __	gi __	wb __	mb __	dg __
ac __	ci __	bk __	rn __	rc __
ah __	ar __	bo __	nw __	rl __
fy __	or __	vt __	ue __	nf __
hp __	oy __	vl __	ub __	fo __
nx __	tn __	yu __	im __	cr __
ns __	tk __	yr __	in __	gt __
sq __	uw __	nk __	sn __	th __
sl __	yq __	nr __	so __	mq __
xg __	rf __	pn __	ld __	wf __
vg __	ra __	pt __	lc __	wg __
yq __	hk __	fe __	pc __	yn __
yv __	hd __	dn __	pk __	eh __
pn __	te __	ka __	gs __	fw __
mn __	tm __	kh __	vq __	fy __
lq __	eo __	cl __	rx __	sm __
ou __	ej __	cu __	rq __	pm __
qu __	kl __	wl __	ss __	mw __
qn __	kk __	zh __	os __	mt __
ud __	qz __	fm __	wf __	tf __
ui __	st __	fv __	wk __	tm __

If you can answer me, set your words in order before me, stand up. Job 33:5

AlphaBetter®   Level 9: Two-letter Sequences   4 minutes

Name_____

Date_____

This page shows pairs of letter groups. Each group has two letters.
Look at the **first letter** of each letter group in a pair.

❶ Are the letters different?   If *YES* ➤➤ Put "X" after the group with the letter
                               If *NO* ↘   that comes earlier in the alphabet.

Look at the **next letter** in each group and go back to ❶.

ba __	gs __	du __	om __	tu __
da __	gl __	dp __	oi __	po __
my __	ni __	sx __	zp __	hm __
mx __	ia __	sz __	zk __	hj __
pv __	kr __	dx __	bp __	lh __
po __	zr __	ar __	bw __	ld __
tn __	hu __	fo __	at __	nu __
rf __	hz __	fm __	ay __	nw __
xt __	gl __	rb __	mh __	dk __
xq __	gi __	wb __	mb __	dg __
ac __	ci __	bk __	rn __	rc __
ah __	ar __	bo __	nw __	rl __
fy __	or __	vt __	ue __	nf __
hp __	oy __	vl __	ub __	fo __
nx __	tn __	yu __	im __	cr __
ns __	tk __	yr __	in __	gt __
sq __	uw __	nk __	sn __	th __
sl __	yq __	nr __	so __	mq __
xg __	rf __	pn __	ld __	wf __
vg __	ra __	pt __	lc __	wg __
yq __	hk __	fe __	pc __	yn __
yv __	hd __	dn __	pk __	eh __
pn __	te __	ka __	gs __	fw __
mn __	tm __	kh __	vq __	fy __
lq __	eo __	cl __	rx __	sm __
ou __	ej __	cu __	rq __	pm __
qu __	kl __	wl __	ss __	mw __
qn __	kk __	zh __	os __	mt __
ud __	qz __	fm __	wf __	tf __
ui __	st __	fv __	wk __	tm __

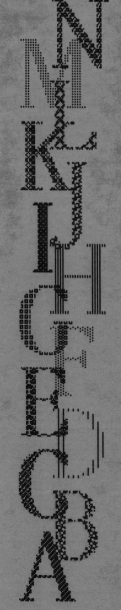

If you can answer me, set your words in order before me, stand up.   Job 33:5

© Edwin C. Myers 1985, 1989   **AlphaBetter**®   Level 9: Two-letter Sequences   4 minutes

Name_____

Date_____

This page shows pairs of letter groups. Each group has two letters.
Look at the **first letter** of each letter group in a pair.

❶ Are the letters different?   If *YES* ➤➤ Put "X" after the group with the letter
                                If *NO* ↘   that comes earlier in the alphabet.

Look at the **next letter** in each group and go back to ❶.

ba ___	gs ___	du ___	om ___	tu ___
da ___	gl ___	dp ___	oi ___	po ___
my ___	ni ___	sx ___	zp ___	hm ___
mx ___	ia ___	sz ___	zk ___	hj ___
pv ___	kr ___	dx ___	bp ___	lh ___
po ___	zr ___	ar ___	bw ___	ld ___
tn ___	hu ___	fo ___	at ___	nu ___
rf ___	hz ___	fm ___	ay ___	nw ___
xt ___	gl ___	rb ___	mh ___	dk ___
xq ___	gi ___	wb ___	mb ___	dg ___
ac ___	ci ___	bk ___	rn ___	rc ___
ah ___	ar ___	bo ___	nw ___	rl ___
fy ___	or ___	vt ___	ue ___	nf ___
hp ___	oy ___	vl ___	ub ___	fo ___
nx ___	tn ___	yu ___	im ___	cr ___
ns ___	tk ___	yr ___	in ___	gt ___
sq ___	uw ___	nk ___	sn ___	th ___
sl ___	yq ___	nr ___	so ___	mq ___
xg ___	rf ___	pn ___	ld ___	wf ___
vg ___	ra ___	pt ___	lc ___	wg ___
yq ___	hk ___	fe ___	pc ___	yn ___
yv ___	hd ___	dn ___	pk ___	eh ___
pn ___	te ___	ka ___	gs ___	fw ___
mn ___	tm ___	kh ___	vq ___	fy ___
lq ___	eo ___	cl ___	rx ___	sm ___
ou ___	ej ___	cu ___	rq ___	pm ___
qu ___	kl ___	wl ___	ss ___	mw ___
qn ___	kk ___	zh ___	os ___	mt ___
ud ___	qz ___	fm ___	wf ___	tf ___
ui ___	st ___	fv ___	wk ___	tm ___

If you can answer me, set your words in order before me, stand up.   Job 33:5

© Edwin C. Myers 1985,1989   **AlphaBetter**®   Level 9: Two-letter Sequences   4 minutes

This page shows pairs of letter groups. Each group has two letters.
Look at the **first letter** of each letter group in a pair.

❶ Are the letters different?   If *YES* ➤➤ Put "X" after the group with the letter
                               If *NO* ↘   that comes earlier in the alphabet.

Look at the **next letter** in each group and go back to ❶.

ba __	gs __	du __	om __	tu __
da __	gl __	dp __	oi __	po __
my __	ni __	sx __	zp __	hm __
mx __	ia __	sz __	zk __	hj __
pv __	kr __	dx __	bp __	lh __
po __	zr __	ar __	bw __	ld __
tn __	hu __	fo __	at __	nu __
rf __	hz __	fm __	ay __	nw __
xt __	gl __	rb __	mh __	dk __
xq __	gi __	wb __	mb __	dg __
ac __	ci __	bk __	rn __	rc __
ah __	ar __	bo __	nw __	rl __
fy __	or __	vt __	ue __	nf __
hp __	oy __	vl __	ub __	fo __
nx __	tn __	yu __	im __	cr __
ns __	tk __	yr __	in __	gt __
sq __	uw __	nk __	sn __	th __
sl __	yq __	nr __	so __	mq __
xg __	rf __	pn __	ld __	wf __
vg __	ra __	pt __	lc __	wg __
yq __	hk __	fe __	pc __	yn __
yv __	hd __	dn __	pk __	eh __
pn __	te __	ka __	gs __	fw __
mn __	tm __	kh __	vq __	fy __
lq __	eo __	cl __	rx __	sm __
ou __	ej __	cu __	rq __	pm __
qu __	kl __	wl __	ss __	mw __
qn __	kk __	zh __	os __	mt __
ud __	qz __	fm __	wf __	tf __
ui __	st __	fv __	wk __	tm __

If you can answer me, set your words in order before me, stand up.   Job 33:5

Name_____

Date_____

This page shows pairs of letter groups. Each group has three letters.
Look at the **first letter** of each letter group in a pair.

❶ Are the letters different?   If *YES* ➤ Put "X" after the group with the letter
                              If *NO* ↘   that comes earlier in the alphabet.

Look at the **next letter** in each group and go back to ❶.

abc __	wax __	pha __	ska __	low __
xyz __	wea __	pet __	sis __	lum __
abd __	col __	ado __	com __	tan __
abo __	cog __	adj __	con __	tal __
hea __	leg __	psy __	lit __	dec __
hav __	lei __	pro __	lio __	dea __
por __	son __	cum __	sty __	mer __
pos __	som __	cuc __	sub __	mes __
app __	cou __	ash __	pro __	tub __
apo __	cow __	asc __	pre __	tru __
fra __	xyl __	fus __	mau __	dis __
fou __	xen __	gab __	mat __	div __
qui __	thu __	rea __	too __	vec __
und __	thr __	raz __	top __	vas __
bat __	dep __	bey __	dig __	enc __
bas __	des __	bic __	die __	emp __
hor __	mit __	hyp __	mos __	one __
hot __	mis __	ica __	mou __	ope __
ret __	rip __	unm __	rub __	peb __
rev __	rim __	unr __	row __	pel __
bri __	dow __	bus __	ect __	fan __
bre __	dra __	bur __	ecc __	far __
inf __	noi __	inn __	nys __	gus __
ine __	nit __	ins __	num __	gyr __
san __	owl __	sco __	pan __	plu __
sap __	ove __	sci __	par __	plo __
yor __	eru __	cha __	exp __	slu __
yes __	esk __	che __	exi __	sma __
zip __	gha __	gra __	coo __	nam __
zoo __	gil __	gor __	con __	mys __

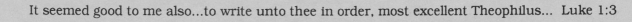

It seemed good to me also...to write unto thee in order, most excellent Theophilus... Luke 1:3

Name_____

Date_____

This page shows pairs of letter groups. Each group has three letters.

Look at the **first letter** of each letter group in a pair.

❶ Are the letters different? If *YES* ➤ Put "X" after the group with the letter
                     If *NO* ↘   that comes earlier in the alphabet.

Look at the **next letter** in each group and go back to ❶.

abc __	wax __	pha __	ska __	low __
xyz __	wea __	pet __	sis __	lum __
abd __	col __	ado __	com __	tan __
abo __	cog __	adj __	con __	tal __
hea __	leg __	psy __	lit __	dec __
hav __	lei __	pro __	lio __	dea __
por __	son __	cum __	sty __	mer __
pos __	som __	cuc __	sub __	mes __
app __	cou __	ash __	pro __	tub __
apo __	cow __	asc __	pre __	tru __
fra __	xyl __	fus __	mau __	dis __
fou __	xen __	gab __	mat __	div __
qui __	thu __	rea __	too __	vec __
und __	thr __	raz __	top __	vas __
bat __	dep __	bey __	dig __	enc __
bas __	des __	bic __	die __	emp __
hor __	mit __	hyp __	mos __	one __
hot __	mis __	ica __	mou __	ope __
ret __	rip __	unm __	rub __	peb __
rev __	rim __	unr __	row __	pel __
bri __	dow __	bus __	ect __	fan __
bre __	dra __	bur __	ecc __	far __
inf __	noi __	inn __	nys __	gus __
ine __	nit __	ins __	num __	gyr __
san __	owl __	sco __	pan __	plu __
sap __	ove __	sci __	par __	plo __
yor __	eru __	cha __	exp __	slu __
yes __	esk __	che __	exi __	sma __
zip __	gha __	gra __	coo __	nam __
zoo __	gil __	gor __	con __	mys __

It seemed good to me also...to write unto thee in order, most excellent Theophilus... Luke 1:3

   AlphaBetter®   Level 10: Three-letter Sequences   4 minutes

Name_____

Date_____

This page shows pairs of letter groups. Each group has three letters.
Look at the **first letter** of each letter group in a pair.

❶ Are the letters different?   If *YES* ➤➤ Put "X" after the group with the letter
                                If *NO* ↘   that comes earlier in the alphabet.

Look at the **next letter** in each group and go back to ❶.

abc __	wax __	pha __	ska __	low __
xyz __	wea __	pet __	sis __	lum __
abd __	col __	ado __	com __	tan __
abo __	cog __	adj __	con __	tal __
hea __	leg __	psy __	lit __	dec __
hav __	lei __	pro __	lio __	dea __
por __	son __	cum __	sty __	mer __
pos __	som __	cuc __	sub __	mes __
app __	cou __	ash __	pro __	tub __
apo __	cow __	asc __	pre __	tru __
fra __	xyl __	fus __	mau __	dis __
fou __	xen __	gab __	mat __	div __
qui __	thu __	rea __	too __	vec __
und __	thr __	raz __	top __	vas __
bat __	dep __	bey __	dig __	enc __
bas __	des __	bic __	die __	emp __
hor __	mit __	hyp __	mos __	one __
hot __	mis __	ica __	mou __	ope __
ret __	rip __	unm __	rub __	peb __
rev __	rim __	unr __	row __	pel __
bri __	dow __	bus __	ect __	fan __
bre __	dra __	bur __	ecc __	far __
inf __	noi __	inn __	nys __	gus __
ine __	nit __	ins __	num __	gyr __
san __	owl __	sco __	pan __	plu __
sap __	ove __	sci __	par __	plo __
yor __	eru __	cha __	exp __	slu __
yes __	esk __	che __	exi __	sma __
zip __	gha __	gra __	coo __	nam __
zoo __	gil __	gor __	con __	mys __

It seemed good to me also...to write unto thee in order, most excellent Theophilus... Luke 1:3

AlphaBetter®   Level 10: Three-letter Sequences   4 minutes

Name_____

Date_____

This page shows pairs of letter groups. Each group has three letters.
Look at the **first letter** of each letter group in a pair.

❶ Are the letters different? If *YES* ➤ Put "X" after the group with the letter
If *NO* ↘ that comes earlier in the alphabet.

Look at the **next letter** in each group and go back to ❶.

abc __	wax __	pha __	ska __	low __
xyz __	wea __	pet __	sis __	lum __
abd __	col __	ado __	com __	tan __
abo __	cog __	adj __	con __	tal __
hea __	leg __	psy __	lit __	dec __
hav __	lei __	pro __	lio __	dea __
por __	son __	cum __	sty __	mer __
pos __	som __	cuc __	sub __	mes __
app __	cou __	ash __	pro __	tub __
apo __	cow __	asc __	pre __	tru __
fra __	xyl __	fus __	mau __	dis __
fou __	xen __	gab __	mat __	div __
qui __	thu __	rea __	too __	vec __
und __	thr __	raz __	top __	vas __
bat __	dep __	bey __	dig __	enc __
bas __	des __	bic __	die __	emp __
hor __	mit __	hyp __	mos __	one __
hot __	mis __	ica __	mou __	ope __
ret __	rip __	unm __	rub __	peb __
rev __	rim __	unr __	row __	pel __
bri __	dow __	bus __	ect __	fan __
bre __	dra __	bur __	ecc __	far __
inf __	noi __	inn __	nys __	gus __
ine __	nit __	ins __	num __	gyr __
san __	owl __	sco __	pan __	plu __
sap __	ove __	sci __	par __	plo __
yor __	eru __	cha __	exp __	slu __
yes __	esk __	che __	exi __	sma __
zip __	gha __	gra __	coo __	nam __
zoo __	gil __	gor __	con __	mys __

It seemed good to me also...to write unto thee in order, most excellent Theophilus... Luke 1:3

AlphaBetter®   Level 10: Three-letter Sequences   4 minutes

Name_____

Date_____

This page shows pairs of letter groups. Each group has three letters.
Look at the **first letter** of each letter group in a pair.

❶ Are the letters different?   If *YES* ➤ Put "X" after the group with the letter
                               If *NO* ↘   that comes earlier in the alphabet.

Look at the **next letter** in each group and go back to ❶.

abc __	wax __	pha __	ska __	low __
xyz __	wea __	pet __	sis __	lum __
abd __	col __	ado __	com __	tan __
abo __	cog __	adj __	con __	tal __
hea __	leg __	psy __	lit __	dec __
hav __	lei __	pro __	lio __	dea __
por __	son __	cum __	sty __	mer __
pos __	som __	cuc __	sub __	mes __
app __	cou __	ash __	pro __	tub __
apo __	cow __	asc __	pre __	tru __
fra __	xyl __	fus __	mau __	dis __
fou __	xen __	gab __	mat __	div __
qui __	thu __	rea __	too __	vec __
und __	thr __	raz __	top __	vas __
bat __	dep __	bey __	dig __	enc __
bas __	des __	bic __	die __	emp __
hor __	mit __	hyp __	mos __	one __
hot __	mis __	ica __	mou __	ope __
ret __	rip __	unm __	rub __	peb __
rev __	rim __	unr __	row __	pel __
bri __	dow __	bus __	ect __	fan __
bre __	dra __	bur __	ecc __	far __
inf __	noi __	inn __	nys __	gus __
ine __	nit __	ins __	num __	gyr __
san __	owl __	sco __	pan __	plu __
sap __	ove __	sci __	par __	plo __
yor __	eru __	cha __	exp __	slu __
yes __	esk __	che __	exi __	sma __
zip __	gha __	gra __	coo __	nam __
zoo __	gil __	gor __	con __	mys __

It seemed good to me also...to write unto thee in order, most excellent Theophilus... Luke 1:3

Name_____

Date_____

This page shows pairs of letter groups. Each group has three letters.
Look at the **first letter** of each letter group in a pair.

❶ Are the letters different?   If *YES* ➤➤ Put "X" after the group with the letter
                               If *NO* ↘   that comes earlier in the alphabet.

Look at the **next letter** in each group and go back to ❶.

abc __	wax __	pha __	ska __	low __
xyz __	wea __	pet __	sis __	lum __
abd __	col __	ado __	com __	tan __
abo __	cog __	adj __	con __	tal __
hea __	leg __	psy __	lit __	dec __
hav __	lei __	pro __	lio __	dea __
por __	son __	cum __	sty __	mer __
pos __	som __	cuc __	sub __	mes __
app __	cou __	ash __	pro __	tub __
apo __	cow __	asc __	pre __	tru __
fra __	xyl __	fus __	mau __	dis __
fou __	xen __	gab __	mat __	div __
qui __	thu __	rea __	too __	vec __
und __	thr __	raz __	top __	vas __
bat __	dep __	bey __	dig __	enc __
bas __	des __	bic __	die __	emp __
hor __	mit __	hyp __	mos __	one __
hot __	mis __	ica __	mou __	ope __
ret __	rip __	unm __	rub __	peb __
rev __	rim __	unr __	row __	pel __
bri __	dow __	bus __	ect __	fan __
bre __	dra __	bur __	ecc __	far __
inf __	noi __	inn __	nys __	gus __
ine __	nit __	ins __	num __	gyr __
san __	owl __	sco __	pan __	plu __
sap __	ove __	sci __	par __	plo __
yor __	eru __	cha __	exp __	slu __
yes __	esk __	che __	exi __	sma __
zip __	gha __	gra __	coo __	nam __
zoo __	gil __	gor __	con __	mys __

It seemed good to me also...to write unto thee in order, most excellent Theophilus... Luke 1:3

© Edwin C. Myers 1985, 1989   **AlphaBetter**®   Level 10: Three-letter Sequences   4 minutes

Name_____

Date_____

This page shows pairs of letter groups. Each group has three letters.
Look at the **first letter** of each letter group in a pair.

❶ Are the letters different?   If *YES* ➛ Put "X" after the group with the letter
                                 If *NO* ➘   that comes earlier in the alphabet.

Look at the **next letter** in each group and go back to ❶.

abc __	wax __	pha __	ska __	low __
xyz __	wea __	pet __	sis __	lum __
abd __	col __	ado __	com __	tan __
abo __	cog __	adj __	con __	tal __
hea __	leg __	psy __	lit __	dec __
hav __	lei __	pro __	lio __	dea __
por __	son __	cum __	sty __	mer __
pos __	som __	cuc __	sub __	mes __
app __	cou __	ash __	pro __	tub __
apo __	cow __	asc __	pre __	tru __
fra __	xyl __	fus __	mau __	dis __
fou __	xen __	gab __	mat __	div __
qui __	thu __	rea __	too __	vec __
und __	thr __	raz __	top __	vas __
bat __	dep __	bey __	dig __	enc __
bas __	des __	bic __	die __	emp __
hor __	mit __	hyp __	mos __	one __
hot __	mis __	ica __	mou __	ope __
ret __	rip __	unm __	rub __	peb __
rev __	rim __	unr __	row __	pel __
bri __	dow __	bus __	ect __	fan __
bre __	dra __	bur __	ecc __	far __
inf __	noi __	inn __	nys __	gus __
ine __	nit __	ins __	num __	gyr __
san __	owl __	sco __	pan __	plu __
sap __	ove __	sci __	par __	plo __
yor __	eru __	cha __	exp __	slu __
yes __	esk __	che __	exi __	sma __
zip __	gha __	gra __	coo __	nam __
zoo __	gil __	gor __	con __	mys __

It seemed good to me also...to write unto thee in order, most excellent Theophilus... Luke 1:3

Name_____

Date_____

This page shows pairs of letter groups. Each group has three letters.
Look at the **first letter** of each letter group in a pair.

❶ Are the letters different? If *YES* ➤➤ Put "X" after the group with the letter
                              If *NO* ↘   that comes earlier in the alphabet.

Look at the **next letter** in each group and go back to ❶.

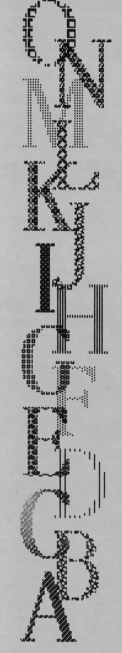

abc __	wax __	pha __	ska __	low __
xyz __	wea __	pet __	sis __	lum __
abd __	col __	ado __	com __	tan __
abo __	cog __	adj __	con __	tal __
hea __	leg __	psy __	lit __	dec __
hav __	lei __	pro __	lio __	dea __
por __	son __	cum __	sty __	mer __
pos __	som __	cuc __	sub __	mes __
app __	cou __	ash __	pro __	tub __
apo __	cow __	asc __	pre __	tru __
fra __	xyl __	fus __	mau __	dis __
fou __	xen __	gab __	mat __	div __
qui __	thu __	rea __	too __	vec __
und __	thr __	raz __	top __	vas __
bat __	dep __	bey __	dig __	enc __
bas __	des __	bic __	die __	emp __
hor __	mit __	hyp __	mos __	one __
hot __	mis __	ica __	mou __	ope __
ret __	rip __	unm __	rub __	peb __
rev __	rim __	unr __	row __	pel __
bri __	dow __	bus __	ect __	fan __
bre __	dra __	bur __	ecc __	far __
inf __	noi __	inn __	nys __	gus __
ine __	nit __	ins __	num __	gyr __
san __	owl __	sco __	pan __	plu __
sap __	ove __	sci __	par __	plo __
yor __	eru __	cha __	exp __	slu __
yes __	esk __	che __	exi __	sma __
zip __	gha __	gra __	coo __	nam __
zoo __	gil __	gor __	con __	mys __

It seemed good to me also...to write unto thee in order, most excellent Theophilus... Luke 1:3

AlphaBetter®   Level 10: Three-letter Sequences   4 minutes

Name_____

Date_____

This page shows pairs of letter groups. Each group has three letters.
Look at the **first letter** of each letter group in a pair.

❶ Are the letters different?   If *YES* ➤➤ Put "X" after the group with the letter
                                If *NO* ↘   that comes earlier in the alphabet.

Look at the **next letter** in each group and go back to ❶.

abc __	wax __	pha __	ska __	low __
xyz __	wea __	pet __	sis __	lum __
abd __	col __	ado __	com __	tan __
abo __	cog __	adj __	con __	tal __
hea __	leg __	psy __	lit __	dec __
hav __	lei __	pro __	lio __	dea __
por __	son __	cum __	sty __	mer __
pos __	som __	cuc __	sub __	mes __
app __	cou __	ash __	pro __	tub __
apo __	cow __	asc __	pre __	tru __
fra __	xyl __	fus __	mau __	dis __
fou __	xen __	gab __	mat __	div __
qui __	thu __	rea __	too __	vec __
und __	thr __	raz __	top __	vas __
bat __	dep __	bey __	dig __	enc __
bas __	des __	bic __	die __	emp __
hor __	mit __	hyp __	mos __	one __
hot __	mis __	ica __	mou __	ope __
ret __	rip __	unm __	rub __	peb __
rev __	rim __	unr __	row __	pel __
bri __	dow __	bus __	ect __	fan __
bre __	dra __	bur __	ecc __	far __
inf __	noi __	inn __	nys __	gus __
ine __	nit __	ins __	num __	gyr __
san __	owl __	sco __	pan __	plu __
sap __	ove __	sci __	par __	plo __
yor __	eru __	cha __	exp __	slu __
yes __	esk __	che __	exi __	sma __
zip __	gha __	gra __	coo __	nam __
zoo __	gil __	gor __	con __	mys __

It seemed good to me also...to write unto thee in order, most excellent Theophilus... Luke 1:3

© Edwin C. Myers 1985,1989   **AlphaBetter**®   Level 10: Three-letter Sequences   4 minutes

Name______________________________

Date______________________________

This page shows pairs of letter groups. Each group has three letters.
Look at the **first letter** of each letter group in a pair.

❶ Are the letters different? If *YES* ➻ Put "X" after the group with the letter that comes earlier in the alphabet.
If *NO* ➘
Look at the **next letter** in each group and go back to ❶.

abc ___	wax ___	pha ___	ska ___	low ___
xyz ___	wea ___	pet ___	sis ___	lum ___
abd ___	col ___	ado ___	com ___	tan ___
abo ___	cog ___	adj ___	con ___	tal ___
hea ___	leg ___	psy ___	lit ___	dec ___
hav ___	lei ___	pro ___	lio ___	dea ___
por ___	son ___	cum ___	sty ___	mer ___
pos ___	som ___	cuc ___	sub ___	mes ___
app ___	cou ___	ash ___	pro ___	tub ___
apo ___	cow ___	asc ___	pre ___	tru ___
fra ___	xyl ___	fus ___	mau ___	dis ___
fou ___	xen ___	gab ___	mat ___	div ___
qui ___	thu ___	rea ___	too ___	vec ___
und ___	thr ___	raz ___	top ___	vas ___
bat ___	dep ___	bey ___	dig ___	enc ___
bas ___	des ___	bic ___	die ___	emp ___
hor ___	mit ___	hyp ___	mos ___	one ___
hot ___	mis ___	ica ___	mou ___	ope ___
ret ___	rip ___	unm ___	rub ___	peb ___
rev ___	rim ___	unr ___	row ___	pel ___
bri ___	dow ___	bus ___	ect ___	fan ___
bre ___	dra ___	bur ___	ecc ___	far ___
inf ___	noi ___	inn ___	nys ___	gus ___
ine ___	nit ___	ins ___	num ___	gyr ___
san ___	owl ___	sco ___	pan ___	plu ___
sap ___	ove ___	sci ___	par ___	plo ___
yor ___	eru ___	cha ___	exp ___	slu ___
yes ___	esk ___	che ___	exi ___	sma ___
zip ___	gha ___	gra ___	coo ___	nam ___
zoo ___	gil ___	gor ___	con ___	mys ___

It seemed good to me also...to write unto thee in order, most excellent Theophilus... Luke 1:3

Name_____

Date_____

This page shows pairs of letter groups. Each group has three letters.
Look at the **first letter** of each letter group in a pair.

❶ Are the letters different? If *YES* ➤ Put "X" after the group with the letter
If *NO* ↘ that comes earlier in the alphabet.

Look at the **next letter** in each group and go back to ❶.

abc __	wax __	pha __	ska __	low __
xyz __	wea __	pet __	sis __	lum __
abd __	col __	ado __	com __	tan __
abo __	cog __	adj __	con __	tal __
hea __	leg __	psy __	lit __	dec __
hav __	lei __	pro __	lio __	dea __
por __	son __	cum __	sty __	mer __
pos __	som __	cuc __	sub __	mes __
app __	cou __	ash __	pro __	tub __
apo __	cow __	asc __	pre __	tru __
fra __	xyl __	fus __	mau __	dis __
fou __	xen __	gab __	mat __	div __
qui __	thu __	rea __	too __	vec __
und __	thr __	raz __	top __	vas __
bat __	dep __	bey __	dig __	enc __
bas __	des __	bic __	die __	emp __
hor __	mit __	hyp __	mos __	one __
hot __	mis __	ica __	mou __	ope __
ret __	rip __	unm __	rub __	peb __
rev __	rim __	unr __	row __	pel __
bri __	dow __	bus __	ect __	fan __
bre __	dra __	bur __	ecc __	far __
inf __	noi __	inn __	nys __	gus __
ine __	nit __	ins __	num __	gyr __
san __	owl __	sco __	pan __	plu __
sap __	ove __	sci __	par __	plo __
yor __	eru __	cha __	exp __	slu __
yes __	esk __	che __	exi __	sma __
zip __	gha __	gra __	coo __	nam __
zoo __	gil __	gor __	con __	mys __

It seemed good to me also...to write unto thee in order, most excellent Theophilus... Luke 1:3

AlphaBetter® Level 10: Three-letter Sequences 4 minutes

Name_____

Date_____

This page shows pairs of letter groups. Each group has three letters.
Look at the **first letter** of each letter group in a pair.

❶ Are the letters different?   If *YES* ➤➤ Put "X" after the group with the letter
                               If *NO* ↘   that comes earlier in the alphabet.

Look at the **next letter** in each group and go back to ❶.

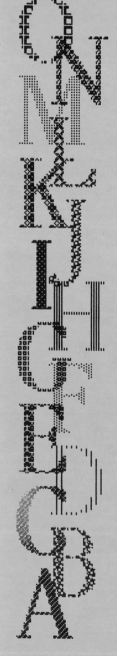

abc __	wax __	pha __	ska __	low __
xyz __	wea __	pet __	sis __	lum __
abd __	col __	ado __	com __	tan __
abo __	cog __	adj __	con __	tal __
hea __	leg __	psy __	lit __	dec __
hav __	lei __	pro __	lio __	dea __
por __	son __	cum __	sty __	mer __
pos __	som __	cuc __	sub __	mes __
app __	cou __	ash __	pro __	tub __
apo __	cow __	asc __	pre __	tru __
fra __	xyl __	fus __	mau __	dis __
fou __	xen __	gab __	mat __	div __
qui __	thu __	rea __	too __	vec __
und __	thr __	raz __	top __	vas __
bat __	dep __	bey __	dig __	enc __
bas __	des __	bic __	die __	emp __
hor __	mit __	hyp __	mos __	one __
hot __	mis __	ica __	mou __	ope __
ret __	rip __	unm __	rub __	peb __
rev __	rim __	unr __	row __	pel __
bri __	dow __	bus __	ect __	fan __
bre __	dra __	bur __	ecc __	far __
inf __	noi __	inn __	nys __	gus __
ine __	nit __	ins __	num __	gyr __
san __	owl __	sco __	pan __	plu __
sap __	ove __	sci __	par __	plo __
yor __	eru __	cha __	exp __	slu __
yes __	esk __	che __	exi __	sma __
zip __	gha __	gra __	coo __	nam __
zoo __	gil __	gor __	con __	mys __

It seemed good to me also...to write unto thee in order, most excellent Theophilus... Luke 1:3

Name_____

Date_____

This page shows pairs of letter groups. Each group has four letters.
Look at the **first letter** of each letter group in a pair.

❶ Are the letters different?   If *YES* �   Put "X" after the group with the letter
                                   If *NO* ↘   that comes earlier in the alphabet.

Look at the **next letter** in each group and go back to ❶.

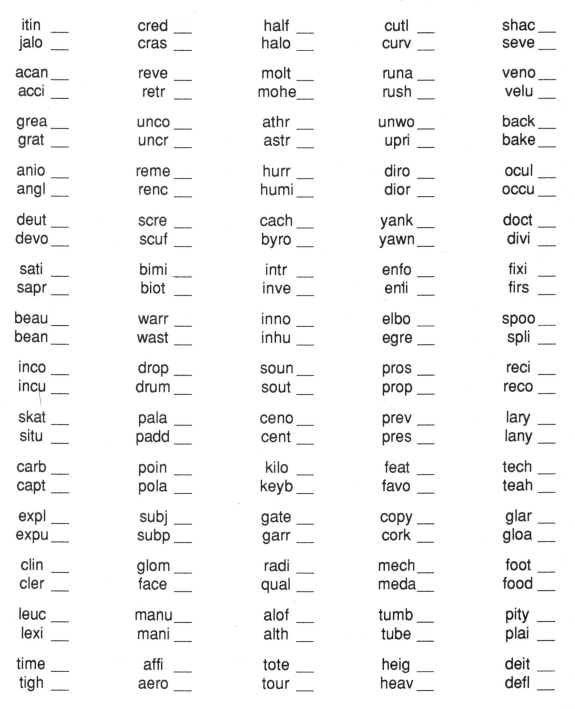

itin __	cred __	half __	cutl __	shac __
jalo __	cras __	halo __	curv __	seve __
acan __	reve __	molt __	runa __	veno __
acci __	retr __	mohe __	rush __	velu __
grea __	unco __	athr __	unwo __	back __
grat __	uncr __	astr __	upri __	bake __
anio __	reme __	hurr __	diro __	ocul __
angl __	renc __	humi __	dior __	occu __
deut __	scre __	cach __	yank __	doct __
devo __	scuf __	byro __	yawn __	divi __
sati __	bimi __	intr __	enfo __	fixi __
sapr __	biot __	inve __	enli __	firs __
beau __	warr __	inno __	elbo __	spoo __
bean __	wast __	inhu __	egre __	spli __
inco __	drop __	soun __	pros __	reci __
incu __	drum __	sout __	prop __	reco __
skat __	pala __	ceno __	prev __	lary __
situ __	padd __	cent __	pres __	lany __
carb __	poin __	kilo __	feat __	tech __
capt __	pola __	keyb __	favo __	teah __
expl __	subj __	gate __	copy __	glar __
expu __	subp __	garr __	cork __	gloa __
clin __	glom __	radi __	mech __	foot __
cler __	face __	qual __	meda __	food __
leuc __	manu __	alof __	tumb __	pity __
lexi __	mani __	alth __	tube __	plai __
time __	affi __	tote __	heig __	deit __
tigh __	aero __	tour __	heav __	defl __

I gave ear to your reasons, while you searched out what to say.   Job 32:11

© Edwin C. Myers 1985, 1989   **AlphaBetter**®   Level 11: Four-letter Sequences   4 minutes

This page shows pairs of letter groups. Each group has four letters.
Look at the **first letter** of each letter group in a pair.

❶ Are the letters different?　If *YES* ➤ Put "X" after the group with the letter
　　　　　　　　　　　　　　　If *NO* ↘　that comes earlier in the alphabet.

Look at the **next letter** in each group and go back to ❶.

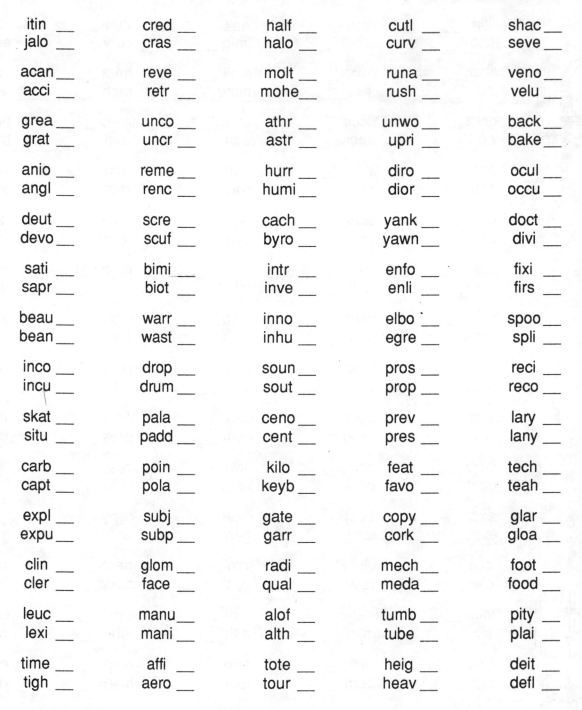

itin __	cred __	half __	cutl __	shac __
jalo __	cras __	halo __	curv __	seve __
acan __	reve __	molt __	runa __	veno __
acci __	retr __	mohe __	rush __	velu __
grea __	unco __	athr __	unwo __	back __
grat __	uncr __	astr __	upri __	bake __
anio __	reme __	hurr __	diro __	ocul __
angl __	renc __	humi __	dior __	occu __
deut __	scre __	cach __	yank __	doct __
devo __	scuf __	byro __	yawn __	divi __
sati __	bimi __	intr __	enfo __	fixi __
sapr __	biot __	inve __	enli __	firs __
beau __	warr __	inno __	elbo __	spoo __
bean __	wast __	inhu __	egre __	spli __
inco __	drop __	soun __	pros __	reci __
incu __	drum __	sout __	prop __	reco __
skat __	pala __	ceno __	prev __	lary __
situ __	padd __	cent __	pres __	lany __
carb __	poin __	kilo __	feat __	tech __
capt __	pola __	keyb __	favo __	teah __
expl __	subj __	gate __	copy __	glar __
expu __	subp __	garr __	cork __	gloa __
clin __	glom __	radi __	mech __	foot __
cler __	face __	qual __	meda __	food __
leuc __	manu __	alof __	tumb __	pity __
lexi __	mani __	alth __	tube __	plai __
time __	affi __	tote __	heig __	deit __
tigh __	aero __	tour __	heav __	defl __

I gave ear to your reasons, while you searched out what to say.　Job 32:11

Name_____

Date_____

This page shows pairs of letter groups. Each group has four letters.
Look at the **first letter** of each letter group in a pair.

❶ Are the letters different? If *YES* ➥ Put "X" after the group with the letter
If *NO* ➘ that comes earlier in the alphabet.

Look at the **next letter** in each group and go back to ❶.

itin ___	cred ___	half ___	cutl ___	shac ___
jalo ___	cras ___	halo ___	curv ___	seve ___
acan ___	reve ___	molt ___	runa ___	veno ___
acci ___	retr ___	mohe ___	rush ___	velu ___
grea ___	unco ___	athr ___	unwo ___	back ___
grat ___	uncr ___	astr ___	upri ___	bake ___
anio ___	reme ___	hurr ___	diro ___	ocul ___
angl ___	renc ___	humi ___	dior ___	occu ___
deut ___	scre ___	cach ___	yank ___	doct ___
devo ___	scuf ___	byro ___	yawn ___	divi ___
sati ___	bimi ___	intr ___	enfo ___	fixi ___
sapr ___	biot ___	inve ___	enli ___	firs ___
beau ___	warr ___	inno ___	elbo ___	spoo ___
bean ___	wast ___	inhu ___	egre ___	spli ___
inco ___	drop ___	soun ___	pros ___	reci ___
incu ___	drum ___	sout ___	prop ___	reco ___
skat ___	pala ___	ceno ___	prev ___	lary ___
situ ___	padd ___	cent ___	pres ___	lany ___
carb ___	poin ___	kilo ___	feat ___	tech ___
capt ___	pola ___	keyb ___	favo ___	teah ___
expl ___	subj ___	gate ___	copy ___	glar ___
expu ___	subp ___	garr ___	cork ___	gloa ___
clin ___	glom ___	radi ___	mech ___	foot ___
cler ___	face ___	qual ___	meda ___	food ___
leuc ___	manu ___	alof ___	tumb ___	pity ___
lexi ___	mani ___	alth ___	tube ___	plai ___
time ___	affi ___	tote ___	heig ___	deit ___
tigh ___	aero ___	tour ___	heav ___	defl ___

I gave ear to your reasons, while you searched out what to say.   Job 32:11

AlphaBetter®   Level 11: Four-letter Sequences   4 minutes

Name_____

Date_____

This page shows pairs of letter groups. Each group has four letters.
Look at the **first letter** of each letter group in a pair.

❶ Are the letters different?   If *YES* ➤ Put "X" after the group with the letter
                              If *NO* ↘   that comes earlier in the alphabet.

Look at the **next letter** in each group and go back to ❶.

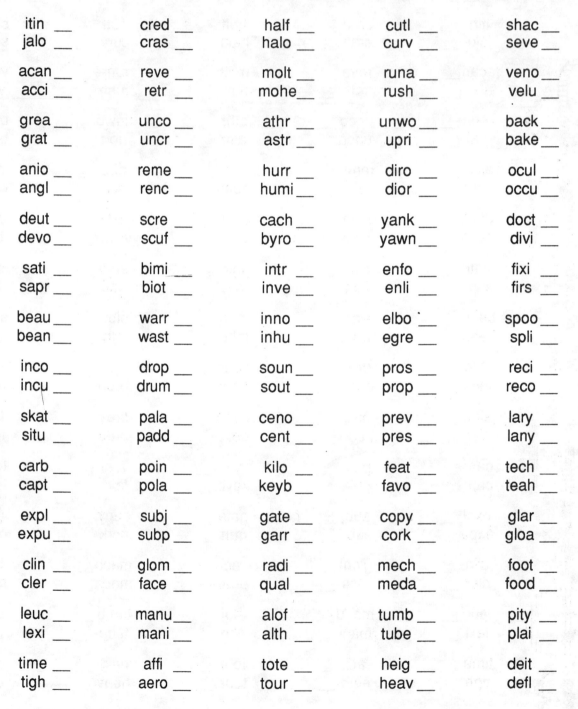

itin __	cred __	half __	cutl __	shac __
jalo __	cras __	halo __	curv __	seve __
acan __	reve __	molt __	runa __	veno __
acci __	retr __	mohe __	rush __	velu __
grea __	unco __	athr __	unwo __	back __
grat __	uncr __	astr __	upri __	bake __
anio __	reme __	hurr __	diro __	ocul __
angl __	renc __	humi __	dior __	occu __
deut __	scre __	cach __	yank __	doct __
devo __	scuf __	byro __	yawn __	divi __
sati __	bimi __	intr __	enfo __	fixi __
sapr __	biot __	inve __	enli __	firs __
beau __	warr __	inno __	elbo __	spoo __
bean __	wast __	inhu __	egre __	spli __
inco __	drop __	soun __	pros __	reci __
incu __	drum __	sout __	prop __	reco __
skat __	pala __	ceno __	prev __	lary __
situ __	padd __	cent __	pres __	lany __
carb __	poin __	kilo __	feat __	tech __
capt __	pola __	keyb __	favo __	teah __
expl __	subj __	gate __	copy __	glar __
expu __	subp __	garr __	cork __	gloa __
clin __	glom __	radi __	mech __	foot __
cler __	face __	qual __	meda __	food __
leuc __	manu __	alof __	tumb __	pity __
lexi __	mani __	alth __	tube __	plai __
time __	affi __	tote __	heig __	deit __
tigh __	aero __	tour __	heav __	defl __

I gave ear to your reasons, while you searched out what to say.   Job 32:11

AlphaBetter®   Level 11: Four-letter Sequences   4 minutes

This page shows pairs of letter groups. Each group has four letters.
Look at the **first letter** of each letter group in a pair.

❶ Are the letters different?   If *YES* ➤➤ Put "X" after the group with the letter
                              If *NO* ↘   that comes earlier in the alphabet.

Look at the **next letter** in each group and go back to ❶.

itin __	cred __	half __	cutl __	shac __
jalo __	cras __	halo __	curv __	seve __
acan __	reve __	molt __	runa __	veno __
acci __	retr __	mohe __	rush __	velu __
grea __	unco __	athr __	unwo __	back __
grat __	uncr __	astr __	upri __	bake __
anio __	reme __	hurr __	diro __	ocul __
angl __	renc __	humi __	dior __	occu __
deut __	scre __	cach __	yank __	doct __
devo __	scuf __	byro __	yawn __	divi __
sati __	bimi __	intr __	enfo __	fixi __
sapr __	biot __	inve __	enli __	firs __
beau __	warr __	inno __	elbo __	spoo __
bean __	wast __	inhu __	egre __	spli __
inco __	drop __	soun __	pros __	reci __
incu __	drum __	sout __	prop __	reco __
skat __	pala __	ceno __	prev __	lary __
situ __	padd __	cent __	pres __	lany __
carb __	poin __	kilo __	feat __	tech __
capt __	pola __	keyb __	favo __	teah __
expl __	subj __	gate __	copy __	glar __
expu __	subp __	garr __	cork __	gloa __
clin __	glom __	radi __	mech __	foot __
cler __	face __	qual __	meda __	food __
leuc __	manu __	alof __	tumb __	pity __
lexi __	mani __	alth __	tube __	plai __
time __	affi __	tote __	heig __	deit __
tigh __	aero __	tour __	heav __	defl __

I gave ear to your reasons, while you searched out what to say.   Job 32:11

Name_____

Date_____

This page shows pairs of letter groups. Each group has four letters.
Look at the **first letter** of each letter group in a pair.

❶ Are the letters different?   If YES ➤ Put "X" after the group with the letter
                               If NO ↘   that comes earlier in the alphabet.

Look at the **next letter** in each group and go back to ❶.

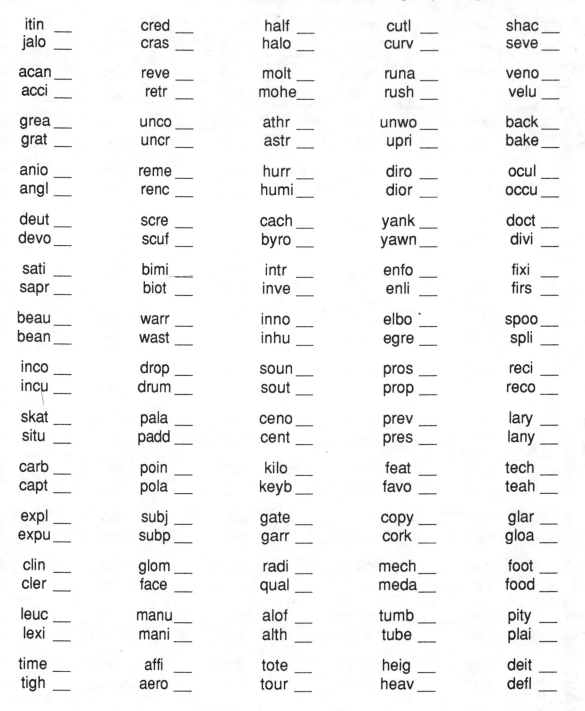

itin __	cred __	half __	cutl __	shac __
jalo __	cras __	halo __	curv __	seve __
acan __	reve __	molt __	runa __	veno __
acci __	retr __	mohe __	rush __	velu __
grea __	unco __	athr __	unwo __	back __
grat __	uncr __	astr __	upri __	bake __
anio __	reme __	hurr __	diro __	ocul __
angl __	renc __	humi __	dior __	occu __
deut __	scre __	cach __	yank __	doct __
devo __	scuf __	byro __	yawn __	divi __
sati __	bimi __	intr __	enfo __	fixi __
sapr __	biot __	inve __	enli __	firs __
beau __	warr __	inno __	elbo __	spoo __
bean __	wast __	inhu __	egre __	spli __
inco __	drop __	soun __	pros __	reci __
incu __	drum __	sout __	prop __	reco __
skat __	pala __	ceno __	prev __	lary __
situ __	padd __	cent __	pres __	lany __
carb __	poin __	kilo __	feat __	tech __
capt __	pola __	keyb __	favo __	teah __
expl __	subj __	gate __	copy __	glar __
expu __	subp __	garr __	cork __	gloa __
clin __	glom __	radi __	mech __	foot __
cler __	face __	qual __	meda __	food __
leuc __	manu __	alof __	tumb __	pity __
lexi __	mani __	alth __	tube __	plai __
time __	affi __	tote __	heig __	deit __
tigh __	aero __	tour __	heav __	defl __

I gave ear to your reasons, while you searched out what to say.   Job 32:11

© Edwin C. Myers 1985,1989   **AlphaBetter**®   Level 11: Four-letter Sequences   4 minutes

Name_____

Date_____

This page shows pairs of letter groups. Each group has four letters.
Look at the **first letter** of each letter group in a pair.

❶ Are the letters different?   If *YES* ➔ Put "X" after the group with the letter
                               If *NO* ↘   that comes earlier in the alphabet.

Look at the **next letter** in each group and go back to ❶.

itin __	cred __	half __	cutl __	shac __
jalo __	cras __	halo __	curv __	seve __
acan__	reve __	molt __	runa __	veno__
acci __	retr __	mohe__	rush __	velu __
grea __	unco __	athr __	unwo __	back __
grat __	uncr __	astr __	upri __	bake __
anio __	reme __	hurr __	diro __	ocul __
angl __	renc __	humi__	dior __	occu __
deut __	scre __	cach __	yank __	doct __
devo __	scuf __	byro __	yawn __	divi __
sati __	bimi __	intr __	enfo __	fixi __
sapr __	biot __	inve __	enli __	firs __
beau__	warr __	inno __	elbo __	spoo __
bean __	wast __	inhu __	egre __	spli __
inco __	drop __	soun __	pros __	reci __
incu __	drum __	sout __	prop __	reco __
skat __	pala __	ceno __	prev __	lary __
situ __	padd __	cent __	pres __	lany __
carb __	poin __	kilo __	feat __	tech __
capt __	pola __	keyb __	favo __	teah __
expl __	subj __	gate __	copy __	glar __
expu __	subp __	garr __	cork __	gloa __
clin __	glom __	radi __	mech__	foot __
cler __	face __	qual __	meda__	food __
leuc __	manu__	alof __	tumb __	pity __
lexi __	mani __	alth __	tube __	plai __
time __	affi __	tote __	heig __	deit __
tigh __	aero __	tour __	heav __	defl __

I gave ear to your reasons, while you searched out what to say.   Job 32:11

This page shows pairs of letter groups. Each group has four letters.
Look at the **first letter** of each letter group in a pair.

❶ Are the letters different?   If *YES* ➔ Put "X" after the group with the letter
                              If *NO* ↘ that comes earlier in the alphabet.

Look at the **next letter** in each group and go back to ❶.

itin __	cred __	half __	cutl __	shac __
jalo __	cras __	halo __	curv __	seve __
acan __	reve __	molt __	runa __	veno __
acci __	retr __	mohe __	rush __	velu __
grea __	unco __	athr __	unwo __	back __
grat __	uncr __	astr __	upri __	bake __
anio __	reme __	hurr __	diro __	ocul __
angl __	renc __	humi __	dior __	occu __
deut __	scre __	cach __	yank __	doct __
devo __	scuf __	byro __	yawn __	divi __
sati __	bimi __	intr __	enfo __	fixi __
sapr __	biot __	inve __	enli __	firs __
beau __	warr __	inno __	elbo __	spoo __
bean __	wast __	inhu __	egre __	spli __
inco __	drop __	soun __	pros __	reci __
incu __	drum __	sout __	prop __	reco __
skat __	pala __	ceno __	prev __	lary __
situ __	padd __	cent __	pres __	lany __
carb __	poin __	kilo __	feat __	tech __
capt __	pola __	keyb __	favo __	teah __
expl __	subj __	gate __	copy __	glar __
expu __	subp __	garr __	cork __	gloa __
clin __	glom __	radi __	mech __	foot __
cler __	face __	qual __	meda __	food __
leuc __	manu __	alof __	tumb __	pity __
lexi __	mani __	alth __	tube __	plai __
time __	affi __	tote __	heig __	deit __
tigh __	aero __	tour __	heav __	defl __

I gave ear to your reasons, while you searched out what to say.   Job 32:11

© Edwin C. Myers 1985,1989   **AlphaBetter**®   Level 11: Four-letter Sequences   4 minutes

Name_____

Date_____

This page shows pairs of letter groups. Each group has four letters.
Look at the **first letter** of each letter group in a pair.

❶ Are the letters different?   If *YES* ➺ Put "X" after the group with the letter
                               If *NO* ↘ that comes earlier in the alphabet.

Look at the **next letter** in each group and go back to ❶.

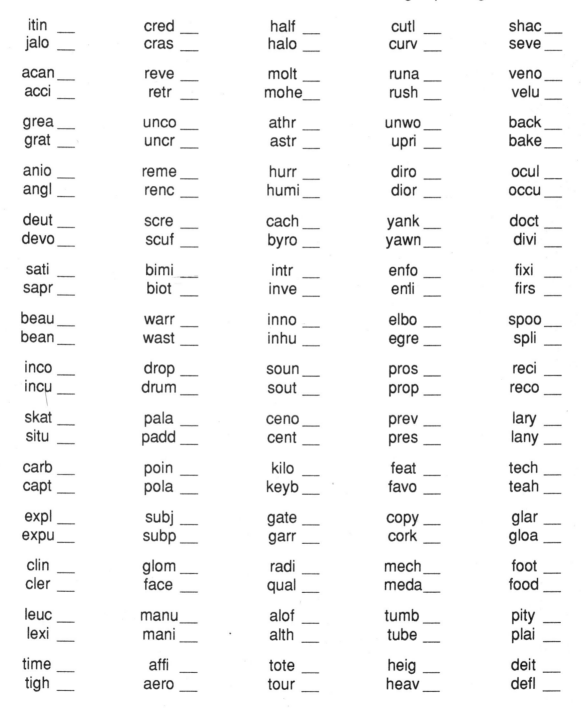

itin __	cred __	half __	cutl __	shac __
jalo __	cras __	halo __	curv __	seve __
acan __	reve __	molt __	runa __	veno __
acci __	retr __	mohe __	rush __	velu __
grea __	unco __	athr __	unwo __	back __
grat __	uncr __	astr __	upri __	bake __
anio __	reme __	hurr __	diro __	ocul __
angl __	renc __	humi __	dior __	occu __
deut __	scre __	cach __	yank __	doct __
devo __	scuf __	byro __	yawn __	divi __
sati __	bimi __	intr __	enfo __	fixi __
sapr __	biot __	inve __	enli __	firs __
beau __	warr __	inno __	elbo __	spoo __
bean __	wast __	inhu __	egre __	spli __
inco __	drop __	soun __	pros __	reci __
incu __	drum __	sout __	prop __	reco __
skat __	pala __	ceno __	prev __	lary __
situ __	padd __	cent __	pres __	lany __
carb __	poin __	kilo __	feat __	tech __
capt __	pola __	keyb __	favo __	teah __
expl __	subj __	gate __	copy __	glar __
expu __	subp __	garr __	cork __	gloa __
clin __	glom __	radi __	mech __	foot __
cler __	face __	qual __	meda __	food __
leuc __	manu __	alof __	tumb __	pity __
lexi __	mani __	alth __	tube __	plai __
time __	affi __	tote __	heig __	deit __
tigh __	aero __	tour __	heav __	defl __

I gave ear to your reasons, while you searched out what to say.   Job 32:11

This page shows pairs of letter groups. Each group has four letters.
Look at the **first letter** of each letter group in a pair.

❶ Are the letters different?　　If *YES* ➤ Put "X" after the group with the letter
　　　　　　　　　　　　　　　If *NO* ↘ 　that comes earlier in the alphabet.

Look at the **next letter** in each group and go back to ❶.

itin __	cred __	half __	cutl __	shac __
jalo __	cras __	halo __	curv __	seve __
acan __	reve __	molt __	runa __	veno __
acci __	retr __	mohe __	rush __	velu __
grea __	unco __	athr __	unwo __	back __
grat __	uncr __	astr __	upri __	bake __
anio __	reme __	hurr __	diro __	ocul __
angl __	renc __	humi __	dior __	occu __
deut __	scre __	cach __	yank __	doct __
devo __	scuf __	byro __	yawn __	divi __
sati __	bimi __	intr __	enfo __	fixi __
sapr __	biot __	inve __	enli __	firs __
beau __	warr __	inno __	elbo __	spoo __
bean __	wast __	inhu __	egre __	spli __
inco __	drop __	soun __	pros __	reci __
incu __	drum __	sout __	prop __	reco __
skat __	pala __	ceno __	prev __	lary __
situ __	padd __	cent __	pres __	lany __
carb __	poin __	kilo __	feat __	tech __
capt __	pola __	keyb __	favo __	teah __
expl __	subj __	gate __	copy __	glar __
expu __	subp __	garr __	cork __	gloa __
clin __	glom __	radi __	mech __	foot __
cler __	face __	qual __	meda __	food __
leuc __	manu __	alof __	tumb __	pity __
lexi __	mani __	alth __	tube __	plai __
time __	affi __	tote __	heig __	deit __
tigh __	aero __	tour __	heav __	defl __

I gave ear to your reasons, while you searched out what to say.　Job 32:11

© Edwin C. Myers 1985,1989　　**AlphaBetter**®　　Level 11: Four-letter Sequences　　4 minutes

Name_____

Date_____

This page shows pairs of letter groups. Each group has four letters.
Look at the **first letter** of each letter group in a pair.

❶ Are the letters different? If *YES* � Put "X" after the group with the letter
If *NO* ↘ that comes earlier in the alphabet.

Look at the **next letter** in each group and go back to ❶.

itin __	cred __	half __	cutl __	shac __
jalo __	cras __	halo __	curv __	seve __
acan__	reve __	molt __	runa __	veno __
acci __	retr __	mohe__	rush __	velu __
grea __	unco __	athr __	unwo __	back __
grat __	uncr __	astr __	upri __	bake __
anio __	reme __	hurr __	diro __	ocul __
angl __	renc __	humi __	dior __	occu __
deut __	scre __	cach __	yank __	doct __
devo __	scuf __	byro __	yawn __	divi __
sati __	bimi__	intr __	enfo __	fixi __
sapr __	biot __	inve __	enli __	firs __
beau__	warr __	inno __	elbo __	spoo __
bean__	wast __	inhu __	egre __	spli __
inco __	drop __	soun __	pros __	reci __
incu __	drum __	sout __	prop __	reco __
skat __	pala __	ceno __	prev __	lary __
situ __	padd __	cent __	pres __	lany __
carb __	poin __	kilo __	feat __	tech __
capt __	pola __	keyb __	favo __	teah __
expl __	subj __	gate __	copy __	glar __
expu__	subp __	garr __	cork __	gloa __
clin __	glom __	radi __	mech__	foot __
cler __	face __	qual __	meda__	food __
leuc __	manu__	alof __	tumb __	pity __
lexi __	mani __	alth __	tube __	plai __
time __	affi __	tote __	heig __	deit __
tigh __	aero __	tour __	heav __	defl __

I gave ear to your reasons, while you searched out what to say.   Job 32:11

© Edwin C. Myers 1985,1989   **AlphaBetter**®   Level 11: Four-letter Sequences   4 minutes

Name_____

Date_____

This page shows pairs of letter groups. Each group has four letters.
Look at the **first letter** of each letter group in a pair.

❶ Are the letters different? If *YES* ➻ Put "X" after the group with the letter
If *NO* ➘   that comes earlier in the alphabet.

Look at the **next letter** in each group and go back to ❶.

itin __	cred __	half __	cutl __	shac __
jalo __	cras __	halo __	curv __	seve __
acan__	reve __	molt __	runa __	veno __
acci __	retr __	mohe__	rush __	velu __
grea __	unco __	athr __	unwo __	back __
grat __	uncr __	astr __	upri __	bake __
anio __	reme __	hurr __	diro __	ocul __
angl __	renc __	humi__	dior __	occu __
deut __	scre __	cach __	yank __	doct __
devo__	scuf __	byro __	yawn__	divi __
sati __	bimi__	intr __	enfo __	fixi __
sapr __	biot __	inve __	enli __	firs __
beau __	warr __	inno __	elbo __	spoo __
bean__	wast __	inhu __	egre __	spli __
inco __	drop __	soun __	pros __	reci __
incu __	drum __	sout __	prop __	reco __
skat __	pala __	ceno __	prev __	lary __
situ __	padd __	cent __	pres __	lany __
carb __	poin __	kilo __	feat __	tech __
capt __	pola __	keyb __	favo __	teah __
expl __	subj __	gate __	copy __	glar __
expu __	subp __	garr __	cork __	gloa __
clin __	glom __	radi __	mech__	foot __
cler __	face __	qual __	meda__	food __
leuc __	manu__	alof __	tumb __	pity __
lexi __	mani __	alth __	tube __	plai __
time __	affi __	tote __	heig __	deit __
tigh __	aero __	tour __	heav __	defl __

I gave ear to your reasons, while you searched out what to say.   Job 32:11

Show the correct alphabetical order of the letter groups below by writing "1" after the group that should come first, "2" after the group that should come second, and "3" after the group that should come last.

Example:

gard __2__

abec __1__

onut __3__

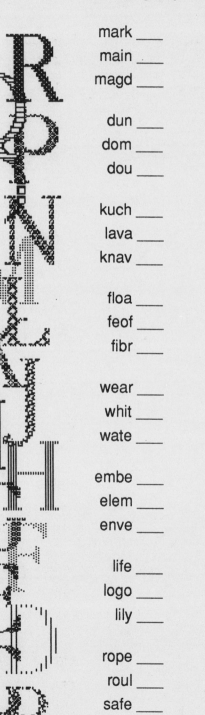

mark ___	act ___	bru ___	mono ___
main ___	agg ___	cal ___	musc ___
magd ___	ach ___	bug ___	monu ___
dun ___	sea ___	chai ___	gen ___
dom ___	sca ___	cast ___	geo ___
dou ___	sch ___	carp ___	gnu ___
kuch ___	beah ___	not ___	perp ___
lava ___	barg ___	nic ___	peri ___
knav ___	band ___	net ___	phyl ___
floa ___	usan ___	devo ___	red ___
feof ___	unde ___	diap ___	ral ___
fibr ___	unil ___	disc ___	rar ___
wear ___	merc ___	hand ___	defl ___
whit ___	mill ___	gris ___	daph ___
wate ___	meli ___	guar ___	cyto ___
embe ___	jog ___	sens ___	pana ___
elem ___	irr ___	semi ___	path ___
enve ___	iri ___	shap ___	para ___
life ___	blaz ___	plan ___	eve ___
logo ___	bore ___	poly ___	exc ___
lily ___	blac ___	play ___	eye ___
rope ___	fort ___	hero ___	cid ___
roul ___	fore ___	hemo ___	clu ___
safe ___	full ___	home ___	chr ___

Search was made in the house of the books. . . and therein was a record thus written. . .

Ezra 6:1-2

Name_____

Date_____

Show the correct alphabetical order of the letter groups below by writing "1" after the group that should come first, "2" after the group that should come second, and "3" after the group that should come last.

Example:
gard _2_
abec _1_
onut _3_

mark ___	act ___	bru ___	mono ___
main ___	agg ___	cal ___	musc ___
magd ___	ach ___	bug ___	monu ___
dun ___	sea ___	chai ___	gen ___
dom ___	sca ___	cast ___	geo ___
dou ___	sch ___	carp ___	gnu ___
kuch ___	beah ___	not ___	perp ___
lava ___	barg ___	nic ___	peri ___
knav ___	band ___	net ___	phyl ___
floa ___	usan ___	devo ___	red ___
feof ___	unde ___	diap ___	ral ___
fibr ___	unil ___	disc ___	rar ___
wear ___	merc ___	hand ___	defl ___
whit ___	mill ___	gris ___	daph ___
wate ___	meli ___	guar ___	cyto ___
embe ___	jog ___	sens ___	pana ___
elem ___	irr ___	semi ___	path ___
enve ___	iri ___	shap ___	para ___
life ___	blaz ___	plan ___	eve ___
logo ___	bore ___	poly ___	exc ___
lily ___	blac ___	play ___	eye ___
rope ___	fort ___	hero ___	cid ___
roul ___	fore ___	hemo ___	clu ___
safe ___	full ___	home ___	chr ___

Search was made in the house of the books. . . and therein was a record thus written. . .

Ezra 6:1-2

© Edwin C. Myers 1985,1989   **AlphaBetter**®   Level 12: Letter Group "Triples"   4 minutes

Show the correct alphabetical order of the letter groups be-
low by writing "1" after the group that should come first,
"2" after the group that should come second, and "3"
after the group that should come last.

Example:
gard _2_
abec _1_
onut _3_

mark ____	act ____	bru ____	mono ____
main ____	agg ____	cal ____	musc ____
magd ____	ach ____	bug ____	monu ____
dun ____	sea ____	chai ____	gen ____
dom ____	sca ____	cast ____	geo ____
dou ____	sch ____	carp ____	gnu ____
kuch ____	beah ____	not ____	perp ____
lava ____	barg ____	nic ____	peri ____
knav ____	band ____	net ____	phyl ____
floa ____	usan ____	devo ____	red ____
feof ____	unde ____	diap ____	ral ____
fibr ____	unil ____	disc ____	rar ____
wear ____	merc ____	hand ____	defl ____
whit ____	mill ____	gris ____	daph ____
wate ____	meli ____	guar ____	cyto ____
embe ____	jog ____	sens ____	pana ____
elem ____	irr ____	semi ____	path ____
enve ____	iri ____	shap ____	para ____
life ____	blaz ____	plan ____	eve ____
logo ____	bore ____	poly ____	exc ____
lily ____	blac ____	play ____	eye ____
rope ____	fort ____	hero ____	cid ____
roul ____	fore ____	hemo ____	clu ____
safe ____	full ____	home ____	chr ____

Search was made in the house of the books. . . and therein was a record thus written. . .

Ezra 6:1-2

Name_____

Date_____

Show the correct alphabetical order of the letter groups be-
low by writing "1" after the group that should come first,
"2" after the group that should come second, and "3"
after the group that should come last.

Example:

gard _2_

abec _1_

onut _3_

mark ___	act ___	bru ___	mono ___
main ___	agg ___	cal ___	musc ___
magd ___	ach ___	bug ___	monu ___
dun ___	sea ___	chai ___	gen ___
dom ___	sca ___	cast ___	geo ___
dou ___	sch ___	carp ___	gnu ___
kuch ___	beah ___	not ___	perp ___
lava ___	barg ___	nic ___	peri ___
knav ___	band ___	net ___	phyl ___
floa ___	usan ___	devo ___	red ___
feof ___	unde ___	diap ___	ral ___
fibr ___	unil ___	disc ___	rar ___
wear ___	merc ___	hand ___	defl ___
whit ___	mill ___	gris ___	daph ___
wate ___	meli ___	guar ___	cyto ___
embe ___	jog ___	sens ___	pana ___
elem ___	irr ___	semi ___	path ___
enve ___	iri ___	shap ___	para ___
life ___	blaz ___	plan ___	eve ___
logo ___	bore ___	poly ___	exc ___
lily ___	blac ___	play ___	eye ___
rope ___	fort ___	hero ___	cid ___
roul ___	fore ___	hemo ___	clu ___
safe ___	full ___	home ___	chr ___

Search was made in the house of the books. . . and therein was a record thus written. . .

Ezra 6:1-2

© Edwin C. Myers 1985,1989   **AlphaBetter®**   Level 12: Letter Group "Triples"   4 minutes

Show the correct alphabetical order of the letter groups be-
low by writing "1" after the group that should come first,
"2" after the group that should come second, and "3"
after the group that should come last.

Example:

gard 2

abec 1

onut 3

mark ___	act ___	bru ___	mono ___
main ___	agg ___	cal ___	musc ___
magd ___	ach ___	bug ___	monu ___
dun ___	sea ___	chai ___	gen ___
dom ___	sca ___	cast ___	geo ___
dou ___	sch ___	carp ___	gnu ___
kuch ___	beah ___	not ___	perp ___
lava ___	barg ___	nic ___	peri ___
knav ___	band ___	net ___	phyl ___
floa ___	usan ___	devo ___	red ___
feof ___	unde ___	diap ___	ral ___
fibr ___	unil ___	disc ___	rar ___
wear ___	merc ___	hand ___	defl ___
whit ___	mill ___	gris ___	daph ___
wate ___	meli ___	guar ___	cyto ___
embe ___	jog ___	sens ___	pana ___
elem ___	irr ___	semi ___	path ___
enve ___	iri ___	shap ___	para ___
life ___	blaz ___	plan ___	eve ___
logo ___	bore ___	poly ___	exc ___
lily ___	blac ___	play ___	eye ___
rope ___	fort ___	hero ___	cid ___
roul ___	fore ___	hemo ___	clu ___
safe ___	full ___	home ___	chr ___

Search was made in the house of the books. . . and therein was a record thus written. . .

Ezra 6:1-2

Show the correct alphabetical order of the letter groups be-
low by writing "1" after the group that should come first,
"2" after the group that should come second, and "3"
after the group that should come last.

Example:

gard _2_

abec _1_

onut _3_

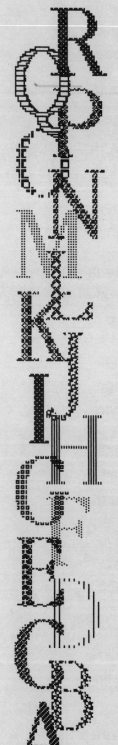

mark ___	act ___	bru ___	mono ___
main ___	agg ___	cal ___	musc ___
magd ___	ach ___	bug ___	monu ___
dun ___	sea ___	chai ___	gen ___
dom ___	sca ___	cast ___	geo ___
dou ___	sch ___	carp ___	gnu ___
kuch ___	beah ___	not ___	perp ___
lava ___	barg ___	nic ___	peri ___
knav ___	band ___	net ___	phyl ___
floa ___	usan ___	devo ___	red ___
feof ___	unde ___	diap ___	ral ___
fibr ___	unil ___	disc ___	rar ___
wear ___	merc ___	hand ___	defl ___
whit ___	mill ___	gris ___	daph ___
wate ___	meli ___	guar ___	cyto ___
embe ___	jog ___	sens ___	pana ___
elem ___	irr ___	semi ___	path ___
enve ___	iri ___	shap ___	para ___
life ___	blaz ___	plan ___	eve ___
logo ___	bore ___	poly ___	exc ___
lily ___	blac ___	play ___	eye ___
rope ___	fort ___	hero ___	cid ___
roul ___	fore ___	hemo ___	clu ___
safe ___	full ___	home ___	chr ___

Search was made in the house of the books. . . and therein was a record thus written. . .

Ezra 6:1-2

Name_____

Date_____

Show the correct alphabetical order of the letter groups below by writing "1" after the group that should come first, "2" after the group that should come second, and "3" after the group that should come last.

Example:

gard __2__

abec __1__

onut __3__

mark ___	act ___	bru ___	mono ___
main ___	agg ___	cal ___	musc ___
magd ___	ach ___	bug ___	monu ___
dun ___	sea ___	chai ___	gen ___
dom ___	sca ___	cast ___	geo ___
dou ___	sch ___	carp ___	gnu ___
kuch ___	beah ___	not ___	perp ___
lava ___	barg ___	nic ___	peri ___
knav ___	band ___	net ___	phyl ___
floa ___	usan ___	devo ___	red ___
feof ___	unde ___	diap ___	ral ___
fibr ___	unil ___	disc ___	rar ___
wear ___	merc ___	hand ___	defl ___
whit ___	mill ___	gris ___	daph ___
wate ___	meli ___	guar ___	cyto ___
embe ___	jog ___	sens ___	pana ___
elem ___	irr ___	semi ___	path ___
enve ___	iri ___	shap ___	para ___
life ___	blaz ___	plan ___	eve ___
logo ___	bore ___	poly ___	exc ___
lily ___	blac ___	play ___	eye ___
rope ___	fort ___	hero ___	cid ___
roul ___	fore ___	hemo ___	clu ___
safe ___	full ___	home ___	chr ___

Search was made in the house of the books. . . and therein was a record thus written. . .

Ezra 6:1-2

Name_____

Date_____

Show the correct alphabetical order of the letter groups be-
low by writing "1" after the group that should come first,
"2" after the group that should come second, and "3"
after the group that should come last.

Example:

gard _2_

abec _1_

onut _3_

mark ___	act ___	bru ___	mono ___
main ___	agg ___	cal ___	musc ___
magd ___	ach ___	bug ___	monu ___
dun ___	sea ___	chai ___	gen ___
dom ___	sca ___	cast ___	geo ___
dou ___	sch ___	carp ___	gnu ___
kuch ___	beah ___	not ___	perp ___
lava ___	barg ___	nic ___	peri ___
knav ___	band ___	net ___	phyl ___
floa ___	usan ___	devo ___	red ___
feof ___	unde ___	diap ___	ral ___
fibr ___	unil ___	disc ___	rar ___
wear ___	merc ___	hand ___	defl ___
whit ___	mill ___	gris ___	daph ___
wate ___	meli ___	guar ___	cyto ___
embe ___	jog ___	sens ___	pana ___
elem ___	irr ___	semi ___	path ___
enve ___	iri ___	shap ___	para ___
life ___	blaz ___	plan ___	eve ___
logo ___	bore ___	poly ___	exc ___
lily ___	blac ___	play ___	eye ___
rope ___	fort ___	hero ___	cid ___
roul ___	fore ___	hemo ___	clu ___
safe ___	full ___	home ___	chr ___

Search was made in the house of the books. . . and therein was a record thus written. . .

Ezra 6:1-2

Name_____

Date_____

Show the correct alphabetical order of the letter groups below by writing "1" after the group that should come first, "2" after the group that should come second, and "3" after the group that should come last.

Example:

gard _2_

abec _1_

onut _3_

mark ___	act ___	bru ___	mono ___
main ___	agg ___	cal ___	musc ___
magd ___	ach ___	bug ___	monu ___
dun ___	sea ___	chai ___	gen ___
dom ___	sca ___	cast ___	geo ___
dou ___	sch ___	carp ___	gnu ___
kuch ___	beah ___	not ___	perp ___
lava ___	barg ___	nic ___	peri ___
knav ___	band ___	net ___	phyl ___
floa ___	usan ___	devo ___	red ___
feof ___	unde ___	diap ___	ral ___
fibr ___	unil ___	disc ___	rar ___
wear ___	merc ___	hand ___	defl ___
whit ___	mill ___	gris ___	daph ___
wate ___	meli ___	guar ___	cyto ___
embe ___	jog ___	sens ___	pana ___
elem ___	irr ___	semi ___	path ___
enve ___	iri ___	shap ___	para ___
life ___	blaz ___	plan ___	eve ___
logo ___	bore ___	poly ___	exc ___
lily ___	blac ___	play ___	eye ___
rope ___	fort ___	hero ___	cid ___
roul ___	fore ___	hemo ___	clu ___
safe ___	full ___	home ___	chr ___

Search was made in the house of the books. . . and therein was a record thus written. . .

Ezra 6:1-2

AlphaBetter®   Level 12: Letter Group "Triples"   4 minutes

Name_____

Date_____

Show the correct alphabetical order of the letter groups below by writing "1" after the group that should come first, "2" after the group that should come second, and "3" after the group that should come last.

Example:

gard __2__

abec __1__

onut __3__

mark ___	act ___	bru ___	mono ___
main ___	agg ___	cal ___	musc ___
magd ___	ach ___	bug ___	monu ___
dun ___	sea ___	chai ___	gen ___
dom ___	sca ___	cast ___	geo ___
dou ___	sch ___	carp ___	gnu ___
kuch ___	beah ___	not ___	perp ___
lava ___	barg ___	nic ___	peri ___
knav ___	band ___	net ___	phyl ___
floa ___	usan ___	devo ___	red ___
feof ___	unde ___	diap ___	ral ___
fibr ___	unil ___	disc ___	rar ___
wear ___	merc ___	hand ___	defl ___
whit ___	mill ___	gris ___	daph ___
wate ___	meli ___	guar ___	cyto ___
embe ___	jog ___	sens ___	pana ___
elem ___	irr ___	semi ___	path ___
enve ___	iri ___	shap ___	para ___
life ___	blaz ___	plan ___	eve ___
logo ___	bore ___	poly ___	exc ___
lily ___	blac ___	play ___	eye ___
rope ___	fort ___	hero ___	cid ___
roul ___	fore ___	hemo ___	clu ___
safe ___	full ___	home ___	chr ___

Search was made in the house of the books. . . and therein was a record thus written. . .

Ezra 6:1-2

© Edwin C. Myers 1985,1989   **AlphaBetter**®   Level 12: Letter Group "Triples"   4 minutes

Name_____

Date_____

Show the correct alphabetical order of the letter groups below by writing "1" after the group that should come first, "2" after the group that should come second, and "3" after the group that should come last.

Example:
gard _2_
abec _1_
onut _3_

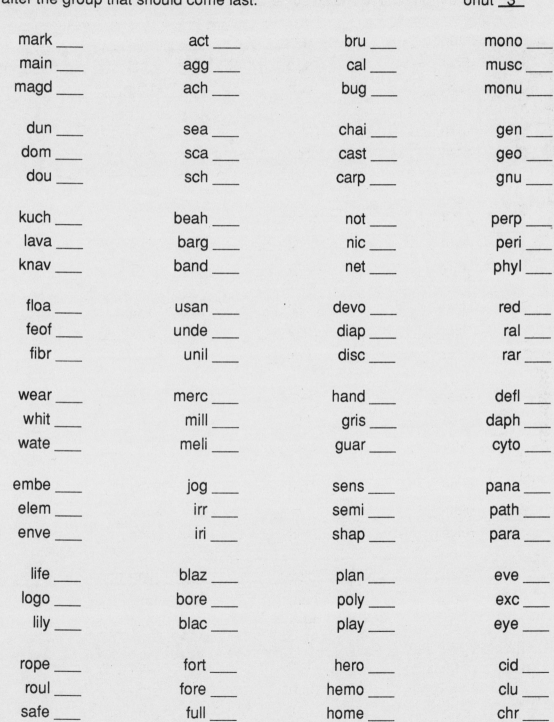

mark ___	act ___	bru ___	mono ___
main ___	agg ___	cal ___	musc ___
magd ___	ach ___	bug ___	monu ___
dun ___	sea ___	chai ___	gen ___
dom ___	sca ___	cast ___	geo ___
dou ___	sch ___	carp ___	gnu ___
kuch ___	beah ___	not ___	perp ___
lava ___	barg ___	nic ___	peri ___
knav ___	band ___	net ___	phyl ___
floa ___	usan ___	devo ___	red ___
feof ___	unde ___	diap ___	ral ___
fibr ___	unil ___	disc ___	rar ___
wear ___	merc ___	hand ___	defl ___
whit ___	mill ___	gris ___	daph ___
wate ___	meli ___	guar ___	cyto ___
embe ___	jog ___	sens ___	pana ___
elem ___	irr ___	semi ___	path ___
enve ___	iri ___	shap ___	para ___
life ___	blaz ___	plan ___	eve ___
logo ___	bore ___	poly ___	exc ___
lily ___	blac ___	play ___	eye ___
rope ___	fort ___	hero ___	cid ___
roul ___	fore ___	hemo ___	clu ___
safe ___	full ___	home ___	chr ___

Search was made in the house of the books. . . and therein was a record thus written. . .

Ezra 6:1-2

Name_____

Date_____

Show the correct alphabetical order of the letter groups be-
low by writing "1" after the group that should come first,
"2" after the group that should come second, and "3"
after the group that should come last.

Example:
gard _2_
abec _1_
onut _3_

mark ___	act ___	bru ___	mono ___
main ___	agg ___	cal ___	musc ___
magd ___	ach ___	bug ___	monu ___
dun ___	sea ___	chai ___	gen ___
dom ___	sca ___	cast ___	geo ___
dou ___	sch ___	carp ___	gnu ___
kuch ___	beah ___	not ___	perp ___
lava ___	barg ___	nic ___	peri ___
knav ___	band ___	net ___	phyl ___
floa ___	usan ___	devo ___	red ___
feof ___	unde ___	diap ___	ral ___
fibr ___	unil ___	disc ___	rar ___
wear ___	merc ___	hand ___	defl ___
whit ___	mill ___	gris ___	daph ___
wate ___	meli ___	guar ___	cyto ___
embe ___	jog ___	sens ___	pana ___
elem ___	irr ___	semi ___	path ___
enve ___	iri ___	shap ___	para ___
life ___	blaz ___	plan ___	eve ___
logo ___	bore ___	poly ___	exc ___
lily ___	blac ___	play ___	eye ___
rope ___	fort ___	hero ___	cid ___
roul ___	fore ___	hemo ___	clu ___
safe ___	full ___	home ___	chr ___

Search was made in the house of the books. . . and therein was a record thus written. . .

Ezra 6:1-2

© Edwin C. Myers 1985,1989   **AlphaBetter**®   Level 12:   Letter Group "Triples"   4 minutes

Name_____

Date_____

Use this ⇓ list to fill in these ⇓ blanks.....and then these ⇓ blanks.

	Words starting with "a":	"a" words *in alphabetical order:*
altar	_____	_____
editor	_____	_____
own	_____	_____
cherub	Words starting with "c":	"c" words *in alphabetical order:*
united	_____	_____
rust	_____	_____
overcome	_____	_____
canopy	_____	_____
adobe	Words starting with "e":	"e" words *in alphabetical order:*
unity	_____	_____
object	_____	_____
excuse	_____	_____
clipper	Words starting with "o":	"o" words *in alphabetical order:*
rough	_____	_____
abdomen	_____	_____
unit	_____	_____
entangle	_____	_____
rumble	Words starting with "r"	"r" words *in alphabetical order:*
order	_____	_____
catfish	_____	_____
	_____	_____
	Words starting with "u":	"u" words *in alphabetical order:*
	_____	_____
	_____	_____
	_____	_____

It is the glory of God to conceal a thing, but the honor of kings is to search out a matter.

Prov. 25:2

AlphaBetter® Level 13: Alphabetizing Words 4 minutes

Name_____

Date_____

Use this ⇓ list to fill in these ⇓ blanks.....and then these ⇓ blanks.

	Words starting with "a":	"a" words *in alphabetical order:*
altar	_____	_____
editor	_____	_____
own	_____	_____
cherub	Words starting with "c":	"c" words *in alphabetical order:*
united	_____	_____
rust	_____	_____
overcome	_____	_____
canopy	_____	_____
adobe	Words starting with "e":	"e" words *in alphabetical order:*
unity	_____	_____
object	_____	_____
excuse	_____	_____
clipper	Words starting with "o":	"o" words *in alphabetical order:*
rough	_____	_____
abdomen	_____	_____
unit	_____	_____
entangle	_____	_____
rumble	Words starting with "r"	"r" words *in alphabetical order:*
order	_____	_____
catfish	_____	_____
	_____	_____
	Words starting with "u":	"u" words *in alphabetical order:*
	_____	_____
	_____	_____
	_____	_____

It is the glory of God to conceal a thing, but the honor of kings is to search out a matter.
Prov. 25:2

AlphaBetter®   Level 13: Alphabetizing Words   4 minutes

Use this ⇓ list to fill in these ⇓ blanks.....and then these ⇓ blanks.

	Words starting with "a":	"a" words _in alphabetical order:_
altar	_____	_____
editor	_____	_____
own	_____	_____
cherub	**Words starting with "c":**	**"c" words** _in alphabetical order:_
united	_____	_____
rust	_____	_____
overcome	_____	_____
canopy	_____	_____
adobe	**Words starting with "e":**	**"e" words** _in alphabetical order:_
unity	_____	_____
object	_____	_____
excuse	_____	_____
clipper	**Words starting with "o":**	**"o" words** _in alphabetical order:_
rough	_____	_____
abdomen	_____	_____
unit	_____	_____
entangle	_____	_____
rumble	**Words starting with "r"**	**"r" words** _in alphabetical order:_
order	_____	_____
catfish	_____	_____
	_____	_____
	Words starting with "u":	**"u" words** _in alphabetical order:_
	_____	_____
	_____	_____
	_____	_____

It is the glory of God to conceal a thing, but the honor of kings is to search out a matter.

Prov. 25:2

Use this ⇓ list to fill in these ⇓ blanks.....and then these ⇓ blanks.

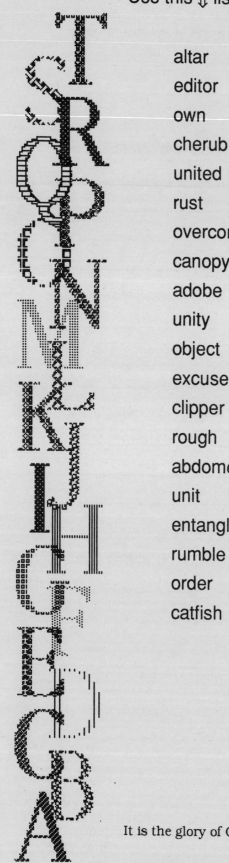

	Words starting with "a":	"a" words *in alphabetical order:*
altar	_____	_____
editor	_____	_____
own	_____	_____
cherub	Words starting with "c":	"c" words *in alphabetical order:*
united	_____	_____
rust	_____	_____
overcome	_____	_____
canopy	_____	_____
adobe	Words starting with "e":	"e" words *in alphabetical order:*
unity	_____	_____
object	_____	_____
excuse	_____	_____
clipper	Words starting with "o":	"o" words *in alphabetical order:*
rough	_____	_____
abdomen	_____	_____
unit	_____	_____
entangle	_____	_____
rumble	Words starting with "r"	"r" words *in alphabetical order:*
order	_____	_____
catfish	_____	_____
	_____	_____
	Words starting with "u":	"u" words *in alphabetical order:*
	_____	_____
	_____	_____
	_____	_____

It is the glory of God to conceal a thing, but the honor of kings is to search out a matter.

Prov. 25:2

AlphaBetter® Level 13: Alphabetizing Words 4 minutes

Name_____

Date_____

Use this ⇓ list to fill in these ⇓ blanks.....and then these ⇓ blanks.

	Words starting with "a":	"a" words *in alphabetical order:*
altar	_____	_____
editor	_____	_____
own	_____	_____
cherub	Words starting with "c":	"c" words *in alphabetical order:*
united	_____	_____
rust	_____	_____
overcome	_____	_____
canopy	_____	_____
adobe	Words starting with "e":	"e" words *in alphabetical order:*
unity	_____	_____
object	_____	_____
excuse	_____	_____
clipper	Words starting with "o":	"o" words *in alphabetical order:*
rough	_____	_____
abdomen	_____	_____
unit	_____	_____
entangle	_____	_____
rumble	Words starting with "r"	"r" words *in alphabetical order:*
order	_____	_____
catfish	_____	_____
	_____	_____
	Words starting with "u":	"u" words *in alphabetical order:*
	_____	_____
	_____	_____
	_____	_____

It is the glory of God to conceal a thing, but the honor of kings is to search out a matter.

Prov. 25:2

Name_____

Date_____

Use this ⇓ list to fill in these ⇓ blanks.....and then these ⇓ blanks.

altar
editor
own
cherub
united
rust
overcome
canopy
adobe
unity
object
excuse
clipper
rough
abdomen
unit
entangle
rumble
order
catfish

Words starting with "a":

_____
_____
_____

"a" words *in alphabetical order:*

_____
_____
_____

Words starting with "c":

_____
_____
_____
_____

"c" words *in alphabetical order:*

_____
_____
_____
_____

Words starting with "e":

_____
_____
_____

"e" words *in alphabetical order:*

_____
_____
_____

Words starting with "o":

_____
_____
_____
_____

"o" words *in alphabetical order:*

_____
_____
_____
_____

Words starting with "r"

_____
_____
_____

"r" words *in alphabetical order:*

_____
_____
_____

Words starting with "u":

_____
_____
_____

"u" words *in alphabetical order:*

_____
_____
_____

It is the glory of God to conceal a thing, but the honor of kings is to search out a matter.
Prov. 25:2

AlphaBetter® Level 13: Alphabetizing Words 4 minutes

Name_____

Date_____

Use this ⇓ list to fill in these ⇓ blanks.....and then these ⇓ blanks.

altar	Words starting with "a":	"a" words *in alphabetical order:*
editor	_____	_____
own	_____	_____
cherub	Words starting with "c":	"c" words *in alphabetical order:*
united	_____	_____
rust	_____	_____
overcome	_____	_____
canopy	_____	_____
adobe	Words starting with "e":	"e" words *in alphabetical order:*
unity	_____	_____
object	_____	_____
excuse	_____	_____
clipper	Words starting with "o":	"o" words *in alphabetical order:*
rough	_____	_____
abdomen	_____	_____
unit	_____	_____
entangle	_____	_____
rumble	Words starting with "r"	"r" words *in alphabetical order:*
order	_____	_____
catfish	_____	_____
	_____	_____
	Words starting with "u":	"u" words *in alphabetical order:*
	_____	_____
	_____	_____
	_____	_____

It is the glory of God to conceal a thing, but the honor of kings is to search out a matter.

Prov. 25:2

AlphaBetter®   Level 13: Alphabetizing Words   4 minutes

Name_____

Date_____

Use this ⇓ list to fill in these ⇓ blanks.....and then these ⇓ blanks.

	Words starting with "a":	"a" words *in alphabetical order:*
altar	_____	_____
editor	_____	_____
own	_____	_____
cherub	Words starting with "c":	"c" words *in alphabetical order:*
united	_____	_____
rust	_____	_____
overcome	_____	_____
canopy	_____	_____
adobe	Words starting with "e":	"e" words *in alphabetical order:*
unity	_____	_____
object	_____	_____
excuse	_____	_____
clipper	Words starting with "o":	"o" words *in alphabetical order:*
rough	_____	_____
abdomen	_____	_____
unit	_____	_____
entangle	_____	_____
rumble	Words starting with "r"	"r" words *in alphabetical order:*
order	_____	_____
catfish	_____	_____
	_____	_____
	Words starting with "u":	"u" words *in alphabetical order:*
	_____	_____
	_____	_____
	_____	_____

It is the glory of God to conceal a thing, but the honor of kings is to search out a matter.

Prov. 25:2

Use this ⇓ list to fill in these ⇓ blanks.....and then these ⇓ blanks.

	Words starting with "a":	"a" words *in alphabetical order:*
altar	_____	_____
editor	_____	_____
own	_____	_____
cherub	Words starting with "c":	"c" words *in alphabetical order:*
united	_____	_____
rust	_____	_____
overcome	_____	_____
canopy	_____	_____
adobe	Words starting with "e":	"e" words *in alphabetical order:*
unity	_____	_____
object	_____	_____
excuse	_____	_____
clipper	Words starting with "o":	"o" words *in alphabetical order:*
rough	_____	_____
abdomen	_____	_____
unit	_____	_____
entangle	_____	_____
rumble	Words starting with "r"	"r" words *in alphabetical order:*
order	_____	_____
catfish	_____	_____
	_____	_____
	Words starting with "u":	"u" words *in alphabetical order:*
	_____	_____
	_____	_____
	_____	_____

It is the glory of God to conceal a thing, but the honor of kings is to search out a matter.

Prov. 25:2

© Edwin C. Myers 1985,1989   **AlphaBetter**®   Level 13: Alphabetizing Words   4 minutes

Name_____

Date_____

Use this ⇓ list to fill in these ⇓ blanks.....and then these ⇓ blanks.

Word List	Words starting with "a":	"a" words in alphabetical order:
altar	_____	_____
editor	_____	_____
own	_____	_____
cherub	Words starting with "c":	"c" words in alphabetical order:
united	_____	_____
rust	_____	_____
overcome	_____	_____
canopy	_____	_____
adobe	Words starting with "e":	"e" words in alphabetical order:
unity	_____	_____
object	_____	_____
excuse	_____	_____
clipper	Words starting with "o":	"o" words in alphabetical order:
rough	_____	_____
abdomen	_____	_____
unit	_____	_____
entangle	_____	_____
rumble	Words starting with "r":	"r" words in alphabetical order:
order	_____	_____
catfish	_____	_____
	_____	_____
	Words starting with "u":	"u" words in alphabetical order:
	_____	_____
	_____	_____
	_____	_____

It is the glory of God to conceal a thing, but the honor of kings is to search out a matter.

Prov. 25:2

Name_____

Date_____

Use this ⇓ list to fill in these ⇓ blanks.....and then these ⇓ blanks.

	Words starting with "a":	"a" words *in alphabetical order:*
altar	_____	_____
editor	_____	_____
own	_____	_____
cherub	Words starting with "c":	"c" words *in alphabetical order:*
united	_____	_____
rust	_____	_____
overcome	_____	_____
canopy	_____	_____
adobe	Words starting with "e":	"e" words *in alphabetical order:*
unity	_____	_____
object	_____	_____
excuse	_____	_____
clipper	Words starting with "o":	"o" words *in alphabetical order:*
rough	_____	_____
abdomen	_____	_____
unit	_____	_____
entangle	_____	_____
rumble	Words starting with "r"	"r" words *in alphabetical order:*
order	_____	_____
catfish	_____	_____
	_____	_____
	Words starting with "u":	"u" words *in alphabetical order:*
	_____	_____
	_____	_____
	_____	_____

It is the glory of God to conceal a thing, but the honor of kings is to search out a matter.

Prov. 25:2

Use this ⇓ list to fill in these ⇓ blanks.....and then these ⇓ blanks.

	Words starting with "a":	"a" words *in alphabetical order:*
altar	_____	_____
editor	_____	_____
own	_____	_____
cherub	Words starting with "c":	"c" words *in alphabetical order:*
united	_____	_____
rust	_____	_____
overcome	_____	_____
canopy	_____	_____
adobe	Words starting with "e":	"e" words *in alphabetical order:*
unity	_____	_____
object	_____	_____
excuse	_____	_____
clipper	Words starting with "o":	"o" words *in alphabetical order:*
rough	_____	_____
abdomen	_____	_____
unit	_____	_____
entangle	_____	_____
rumble	Words starting with "r"	"r" words *in alphabetical order:*
order	_____	_____
catfish	_____	_____
	_____	_____
	Words starting with "u":	"u" words *in alphabetical order:*
	_____	_____
	_____	_____
	_____	_____

It is the glory of God to conceal a thing, but the honor of kings is to search out a matter.

Prov. 25:2

Use this ⇓ list to fill in these ⇓ blanks.....and then these ⇓ blanks.

	Words starting with "b":	"b" words *in alphabetical order:*
bright	_____	_____
modern	_____	_____
transpose	_____	_____
sliver	_____	_____
delicate	Words starting with "d":	"d" words *in alphabetical order:*
boiler	_____	_____
sky	_____	_____
decision	_____	_____
transport	Words starting with "m":	"m" words *in alphabetical order:*
morning	_____	_____
snicker	_____	_____
bounce	_____	_____
traffic	_____	_____
mode	Words starting with "s":	"s" words *in alphabetical order:*
silver	_____	_____
monkey	_____	_____
bough	_____	_____
tractor	_____	_____
delicious	Words starting with "t":	"t" words *in alphabetical order:*
	_____	_____
	_____	_____
	_____	_____

And when he had opened the book, he found
the place where it was written, "The Spirit of the Lord is upon me..." Luke 4:17-18

Name_____

Date_____

Use this ⇓ list to fill in these ⇓ blanks.....and then these ⇓ blanks.

	Words starting with "b":	"b" words *in alphabetical order:*
bright	_____	_____
modern	_____	_____
transpose	_____	_____
sliver	_____	_____
delicate	Words starting with "d":	"d" words *in alphabetical order:*
boiler	_____	_____
sky	_____	_____
decision	_____	_____
transport	Words starting with "m":	"m" words *in alphabetical order:*
morning	_____	_____
snicker	_____	_____
bounce	_____	_____
traffic	_____	_____
mode	Words starting with "s":	"s" words *in alphabetical order:*
silver	_____	_____
monkey	_____	_____
bough	_____	_____
tractor	_____	_____
delicious	Words starting with "t":	"t" words *in alphabetical order:*
	_____	_____
	_____	_____
	_____	_____
	_____	_____

And when he had opened the book, he found
the place where it was written, "The Spirit of the Lord is upon me..."   Luke 4:17-18

Name_____

Date_____

Use this ⇓ list to fill in these ⇓ blanks.....and then these ⇓ blanks.

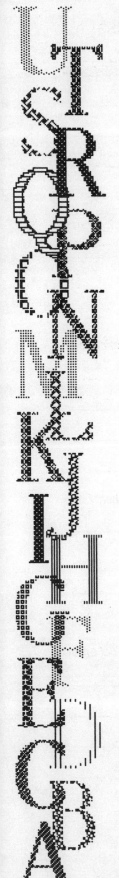

	Words starting with "b":	"b" words *in alphabetical order:*
bright	_____	_____
modern	_____	_____
transpose	_____	_____
sliver	_____	_____
delicate	Words starting with "d":	"d" words *in alphabetical order:*
boiler	_____	_____
sky	_____	_____
decision	_____	_____
transport	Words starting with "m":	"m" words *in alphabetical order:*
morning	_____	_____
snicker	_____	_____
bounce	_____	_____
traffic	_____	_____
mode	Words starting with "s":	"s" words *in alphabetical order:*
silver	_____	_____
monkey	_____	_____
bough	_____	_____
tractor	_____	_____
delicious	Words starting with "t":	"t" words *in alphabetical order:*
	_____	_____
	_____	_____
	_____	_____

And when he had opened the book, he found
the place where it was written, "The Spirit of the Lord is upon me..."   Luke 4:17-18

Name_____

Date_____

Use this ⇓ list to fill in these ⇓ blanks.....and then these ⇓ blanks.

bright

modern

transpose

sliver

delicate

boiler

sky

decision

transport

morning

snicker

bounce

traffic

mode

silver

monkey

bough

tractor

delicious

Words starting with "b":

_____

_____

_____

_____

"b" words *in alphabetical order:*

_____

_____

_____

_____

Words starting with "d":

_____

_____

_____

"d" words *in alphabetical order:*

_____

_____

_____

Words starting with "m":

_____

_____

_____

_____

"m" words *in alphabetical order:*

_____

_____

_____

_____

Words starting with "s":

_____

_____

_____

_____

"s" words *in alphabetical order:*

_____

_____

_____

_____

Words starting with "t":

_____

_____

_____

_____

"t" words *in alphabetical order:*

_____

_____

_____

_____

And when he had opened the book, he found
the place where it was written, "The Spirit of the Lord is upon me..." Luke 4:17-18

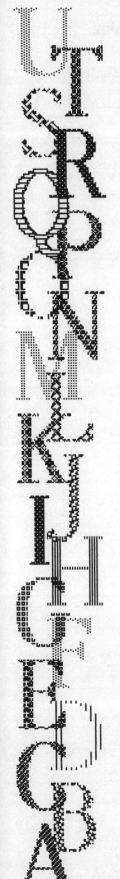

Use this ⇓ list to fill in these ⇓ blanks.....and then these ⇓ blanks.

	Words starting with "b":	"b" words *in alphabetical order:*
bright	_____	_____
modern	_____	_____
transpose	_____	_____
sliver	_____	_____
delicate	Words starting with "d":	"d" words *in alphabetical order:*
boiler	_____	_____
sky	_____	_____
decision	_____	_____
transport	Words starting with "m":	"m" words *in alphabetical order:*
morning	_____	_____
snicker	_____	_____
bounce	_____	_____
traffic	_____	_____
mode	Words starting with "s":	"s" words *in alphabetical order:*
silver	_____	_____
monkey	_____	_____
bough	_____	_____
tractor	_____	_____
delicious	Words starting with "t":	"t" words *in alphabetical order:*
	_____	_____
	_____	_____
	_____	_____
	_____	_____

And when he had opened the book, he found
the place where it was written, "The Spirit of the Lord is upon me..."   Luke 4:17-18

© Edwin C. Myers 1985,1989   **AlphaBetter**®   Level 14: Alphabetizing Words   4 minutes

Use this ⇓ list to fill in these ⇓ blanks.....and then these ⇓ blanks.

bright	Words starting with "b":	"b" words *in alphabetical order:*
modern	_____	_____
transpose	_____	_____
sliver	_____	_____
delicate	Words starting with "d":	"d" words *in alphabetical order:*
boiler	_____	_____
sky	_____	_____
decision	_____	_____
transport	Words starting with "m":	"m" words *in alphabetical order:*
morning	_____	_____
snicker	_____	_____
bounce	_____	_____
traffic	_____	_____
mode	Words starting with "s":	"s" words *in alphabetical order:*
silver	_____	_____
monkey	_____	_____
bough	_____	_____
tractor	_____	_____
delicious	Words starting with "t":·	"t" words *in alphabetical order:*
	_____	_____
	_____	_____
	_____	_____
	_____	_____

And when he had opened the book, he found
the place where it was written, "The Spirit of the Lord is upon me..."   Luke 4:17-18

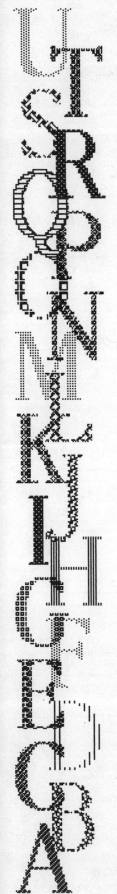

Name_____

Date_____

Use this ⇓ list to fill in these ⇓ blanks.....and then these ⇓ blanks.

	Words starting with "b":	"b" words *in alphabetical order:*
bright	_____	_____
modern	_____	_____
transpose	_____	_____
sliver	_____	_____
delicate	Words starting with "d":	"d" words *in alphabetical order:*
boiler	_____	_____
sky	_____	_____
decision	_____	_____
transport	Words starting with "m":	"m" words *in alphabetical order:*
morning	_____	_____
snicker	_____	_____
bounce	_____	_____
traffic	_____	_____
mode	Words starting with "s":	"s" words *in alphabetical order:*
silver	_____	_____
monkey	_____	_____
bough	_____	_____
tractor	_____	_____
delicious	Words starting with "t":	"t" words *in alphabetical order:*
	_____	_____
	_____	_____
	_____	_____
	_____	_____

And when he had opened the book, he found
the place where it was written, "The Spirit of the Lord is upon me..." Luke 4:17-18

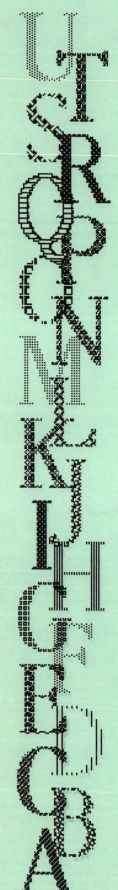

Name_____

Date_____

Use this ⇓ list to fill in these ⇓ blanks.....and then these ⇓ blanks.

	Words starting with "b":	"b" words *in alphabetical order:*
bright	_____	_____
modern	_____	_____
transpose	_____	_____
sliver	_____	_____
delicate	Words starting with "d":	"d" words *in alphabetical order:*
boiler	_____	_____
sky	_____	_____
decision	_____	_____
transport	Words starting with "m":	"m" words *in alphabetical order:*
morning	_____	_____
snicker	_____	_____
bounce	_____	_____
traffic	_____	_____
mode	Words starting with "s":	"s" words *in alphabetical order:*
silver	_____	_____
monkey	_____	_____
bough	_____	_____
tractor	_____	_____
delicious	Words starting with "t":	"t" words *in alphabetical order:*
	_____	_____
	_____	_____
	_____	_____
	_____	_____

And when he had opened the book, he found
the place where it was written, "The Spirit of the Lord is upon me..."   Luke 4:17-18

AlphaBetter®   Level 14: Alphabetizing Words   4 minutes

Name_____

Date_____

Use this ⇓ list to fill in these ⇓ blanks.....and then these ⇓ blanks.

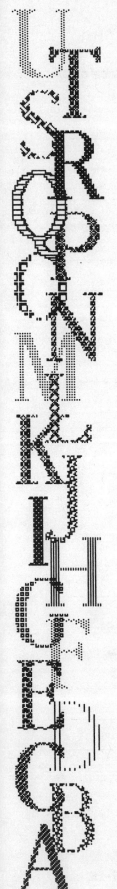

	Words starting with "b":	"b" words *in alphabetical order:*
bright	_____	_____
modern	_____	_____
transpose	_____	_____
sliver	_____	_____
delicate	Words starting with "d":	"d" words *in alphabetical order:*
boiler	_____	_____
sky	_____	_____
decision	_____	_____
transport	Words starting with "m":	"m" words *in alphabetical order:*
morning	_____	_____
snicker	_____	_____
bounce	_____	_____
traffic	_____	_____
mode	Words starting with "s":	"s" words *in alphabetical order:*
silver	_____	_____
monkey	_____	_____
bough	_____	_____
tractor	_____	_____
delicious	Words starting with "t":	"t" words *in alphabetical order:*
	_____	_____
	_____	_____
	_____	_____
	_____	_____

And when he had opened the book, he found
the place where it was written, "The Spirit of the Lord is upon me..."   Luke 4:17-18

© Edwin C. Myers 1985,1989   **AlphaBetter**®   Level 14: Alphabetizing Words   4 minutes

Use this ⇊ list to fill in these ⇊ blanks.....and then these ⇊ blanks.

	Words starting with "b":	"b" words *in alphabetical order:*
bright	_____	_____
modern	_____	_____
transpose	_____	_____
sliver	_____	_____
delicate	Words starting with "d":	"d" words *in alphabetical order:*
boiler	_____	_____
sky	_____	_____
decision	_____	_____
transport	Words starting with "m":	"m" words *in alphabetical order:*
morning	_____	_____
snicker	_____	_____
bounce	_____	_____
traffic	_____	_____
mode	Words starting with "s":	"s" words *in alphabetical order:*
silver	_____	_____
monkey	_____	_____
bough	_____	_____
tractor	_____	_____
delicious	Words starting with "t":	"t" words *in alphabetical order:*
	_____	_____
	_____	_____
	_____	_____

And when he had opened the book, he found
the place where it was written, "The Spirit of the Lord is upon me..." Luke 4:17-18

AlphaBetter®   Level 14: Alphabetizing Words   4 minutes

Name_____

Date_____

Use this ⇓ list to fill in these ⇓ blanks.....and then these ⇓ blanks.

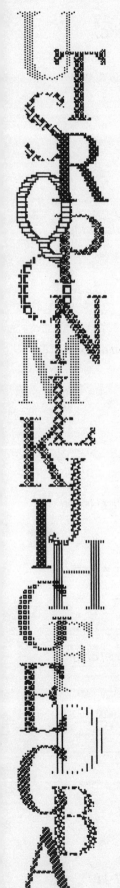

	Words starting with "b":	"b" words *in alphabetical order:*
bright	_____	_____
modern	_____	_____
transpose	_____	_____
sliver	_____	_____
delicate	Words starting with "d":	"d" words *in alphabetical order:*
boiler	_____	_____
sky	_____	_____
decision	_____	_____
transport	Words starting with "m":	"m" words *in alphabetical order:*
morning	_____	_____
snicker	_____	_____
bounce	_____	_____
traffic	_____	_____
mode	Words starting with "s":	"s" words *in alphabetical order:*
silver	_____	_____
monkey	_____	_____
bough	_____	_____
tractor	_____	_____
delicious	Words starting with "t":	"t" words *in alphabetical order:*
	_____	_____
	_____	_____
	_____	_____

And when he had opened the book, he found
the place where it was written, "The Spirit of the Lord is upon me..." Luke 4:17-18

Use this ⇓ list to fill in these ⇓ blanks.....and then these ⇓ blanks.

	Words starting with "b":	"b" words *in alphabetical order:*
bright	_____	_____
modern	_____	_____
transpose	_____	_____
sliver	_____	_____
delicate	**Words starting with "d":**	**"d" words *in alphabetical order:***
boiler	_____	_____
sky	_____	_____
decision	_____	_____
transport	**Words starting with "m":**	**"m" words *in alphabetical order:***
morning	_____	_____
snicker	_____	_____
bounce	_____	_____
traffic	_____	_____
mode	**Words starting with "s":**	**"s" words *in alphabetical order:***
silver	_____	_____
monkey	_____	_____
bough	_____	_____
tractor	_____	_____
delicious	**Words starting with "t":**	**"t" words *in alphabetical order:***
	_____	_____
	_____	_____
	_____	_____
	_____	_____

And when he had opened the book, he found
the place where it was written, "The Spirit of the Lord is upon me..."   Luke 4:17-18

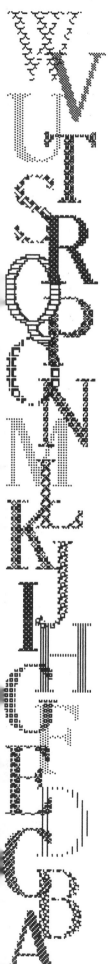

Name_____

Date_____

Some of the words on the "dictionary page" below do not belong there. Compare all the words with the **key words**, and draw a line through every word that does not belong.

infancy	**insect**
infancy	inherent
infamy	inherit
infest	heritage
infield	initial
infinite	inertial
imitate	injunction
infirmity	jury
inflatable	injure
impossible	insure
inflection	ink
invention	imp
inflexible	inkling
inform	inlaid
infraction	invade
inaction	inland
ingenious	innate
ingest	inborn
ingot	innocence
ignore	impart
ingredient	input
immediate	inquire
inhabit	inscription
habit	inspection
inhale	insert
impel	insect

They received the word with all readiness of mind, and searched the scriptures daily, whether those things were so. Acts 17:11

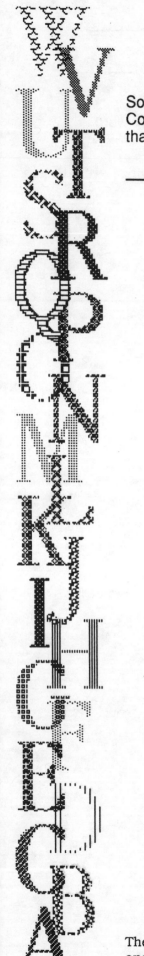

Name_____

Date_____

Some of the words on the "dictionary page" below do not belong there. Compare all the words with the **key words**, and draw a line through every word that does not belong.

<u>**infancy**</u>	<u>**insect**</u>
infancy	inherent
infamy	inherit
infest	heritage
infield	initial
infinite	inertial
imitate	injunction
infirmity	jury
inflatable	injure
impossible	insure
inflection	ink
invention	imp
inflexible	inkling
inform	inlaid
infraction	invade
inaction	inland
ingenious	innate
ingest	inborn
ingot	innocence
ignore	impart
ingredient	input
immediate	inquire
inhabit	inscription
habit	inspection
inhale	insert
impel	insect

They received the word with all readiness of mind, and searched the scriptures daily, whether those things were so.   Acts 17:11

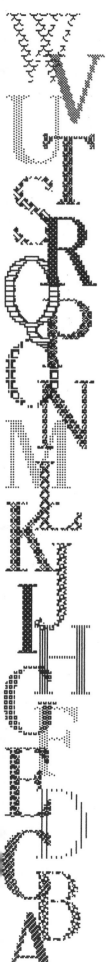

Name_____

Date_____

Some of the words on the "dictionary page" below do not belong there.
Compare all the words with the **key words**, and draw a line through every word
that does not belong.

__infancy__	__insect__
infancy	inherent
infamy	inherit
infest	heritage
infield	initial
infinite	inertial
imitate	injunction
infirmity	jury
inflatable	injure
impossible	insure
inflection	ink
invention	imp
inflexible	inkling
inform	inlaid
infraction	invade
inaction	inland
ingenious	innate
ingest	inborn
ingot	innocence
ignore	impart
ingredient	input
immediate	inquire
inhabit	inscription
habit	inspection
inhale	insert
impel	insect

They received the word with all readiness of mind,
and searched the scriptures daily, whether those things were so. Acts 17:11

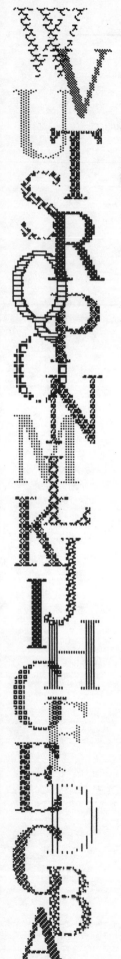

Name_____

Date_____

Some of the words on the "dictionary page" below do not belong there.
Compare all the words with the **key words**, and draw a line through every word
that does not belong.

infancy	insect
infancy	inherent
infamy	inherit
infest	heritage
infield	initial
infinite	inertial
imitate	injunction
infirmity	jury
inflatable	injure
impossible	insure
inflection	ink
invention	imp
inflexible	inkling
inform	inlaid
infraction	invade
inaction	inland
ingenious	innate
ingest	inborn
ingot	innocence
ignore	impart
ingredient	input
immediate	inquire
inhabit	inscription
habit	inspection
inhale	insert
impel	insect

They received the word with all readiness of mind,
and searched the scriptures daily, whether those things were so.   Acts 17:11

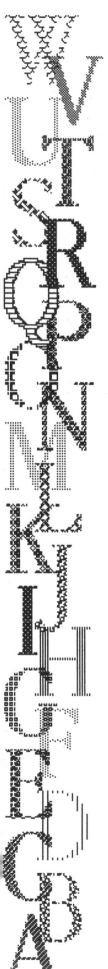

Name_____

Date_____

Some of the words on the "dictionary page" below do not belong there.
Compare all the words with the **key words**, and draw a line through every word
that does not belong.

infancy	**insect**
infancy	inherent
infamy	inherit
infest	heritage
infield	initial
infinite	inertial
imitate	injunction
infirmity	jury
inflatable	injure
impossible	insure
inflection	ink
invention	imp
inflexible	inkling
inform	inlaid
infraction	invade
inaction	inland
ingenious	innate
ingest	inborn
ingot	innocence
ignore	impart
ingredient	input
immediate	inquire
inhabit	inscription
habit	inspection
inhale	insert
impel	insect

They received the word with all readiness of mind,
and searched the scriptures daily, whether those things were so. Acts 17:11

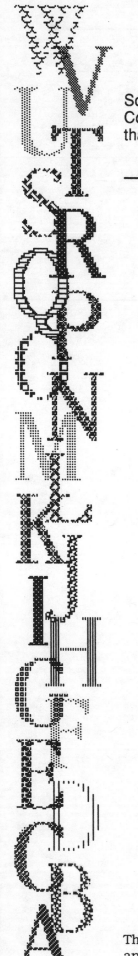

Name_____

Date_____

Some of the words on the "dictionary page" below do not belong there. Compare all the words with the **key words**, and draw a line through every word that does not belong.

infancy	**insect**
infancy	inherent
infamy	inherit
infest	heritage
infield	initial
infinite	inertial
imitate	injunction
infirmity	jury
inflatable	injure
impossible	insure
inflection	ink
invention	imp
inflexible	inkling
inform	inlaid
infraction	invade
inaction	inland
ingenious	innate
ingest	inborn
ingot	innocence
ignore	impart
ingredient	input
immediate	inquire
inhabit	inscription
habit	inspection
inhale	insert
impel	insect

They received the word with all readiness of mind, and searched the scriptures daily, whether those things were so. Acts 17:11

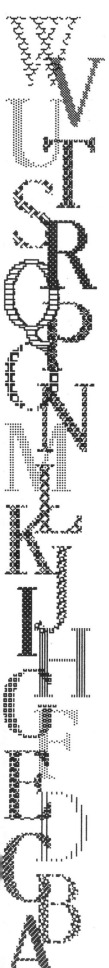

Name_____

Date_____

Some of the words on the "dictionary page" below do not belong there.
Compare all the words with the **key words**, and draw a line through every word
that does not belong.

__infancy__	__insect__
infancy	inherent
infamy	inherit
infest	heritage
infield	initial
infinite	inertial
imitate	injunction
infirmity	jury
inflatable	injure
impossible	insure
inflection	ink
invention	imp
inflexible	inkling
inform	inlaid
infraction	invade
inaction	inland
ingenious	innate
ingest	inborn
ingot	innocence
ignore	impart
ingredient	input
immediate	inquire
inhabit	inscription
habit	inspection
inhale	insert
impel	insect

They received the word with all readiness of mind,
and searched the scriptures daily, whether those things were so. Acts 17:11

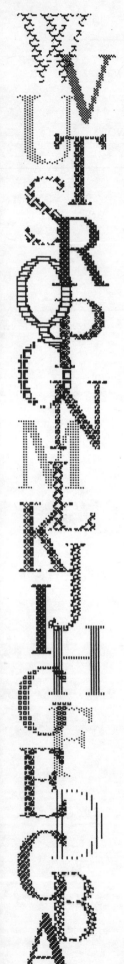

Name_____

Date_____

Some of the words on the "dictionary page" below do not belong there.
Compare all the words with the **key words**, and draw a line through every word
that does not belong.

infancy	**insect**
infancy	inherent
infamy	inherit
infest	heritage
infield	initial
infinite	inertial
imitate	injunction
infirmity	jury
inflatable	injure
impossible	insure
inflection	ink
invention	imp
inflexible	inkling
inform	inlaid
infraction	invade
inaction	inland
ingenious	innate
ingest	inborn
ingot	innocence
ignore	impart
ingredient	input
immediate	inquire
inhabit	inscription
habit	inspection
inhale	insert
impel	insect

They received the word with all readiness of mind,
and searched the scriptures daily, whether those things were so.   Acts 17:11

© Edwin C. Myers 1985,1989   **AlphaBetter**®   Level 15: Reference Books   4 minutes

Name_____

Date_____

Some of the words on the "dictionary page" below do not belong there.
Compare all the words with the **key words**, and draw a line through every word
that does not belong.

__infancy__	__insect__
infancy	inherent
infamy	inherit
infest	heritage
infield	initial
infinite	inertial
imitate	injunction
infirmity	jury
inflatable	injure
impossible	insure
inflection	ink
invention	imp
inflexible	inkling
inform	inlaid
infraction	invade
inaction	inland
ingenious	innate
ingest	inborn
ingot	innocence
ignore	impart
ingredient	input
immediate	inquire
inhabit	inscription
habit	inspection
inhale	insert
impel	insect

They received the word with all readiness of mind,
and searched the scriptures daily, whether those things were so. Acts 17:11

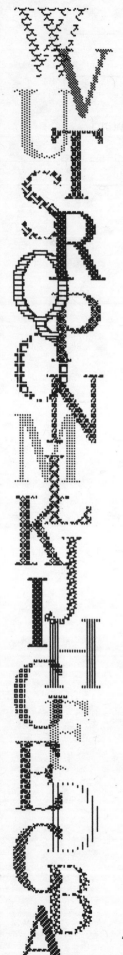

Name_____

Date_____

Some of the words on the "dictionary page" below do not belong there.
Compare all the words with the **key words**, and draw a line through every word
that does not belong.

infancy	insect
infancy	inherent
infamy	inherit
infest	heritage
infield	initial
infinite	inertial
imitate	injunction
infirmity	jury
inflatable	injure
impossible	insure
inflection	ink
invention	imp
inflexible	inkling
inform	inlaid
infraction	invade
inaction	inland
ingenious	innate
ingest	inborn
ingot	innocence
ignore	impart
ingredient	input
immediate	inquire
inhabit	inscription
habit	inspection
inhale	insert
impel	insect

They received the word with all readiness of mind,
and searched the scriptures daily, whether those things were so.   Acts 17:11

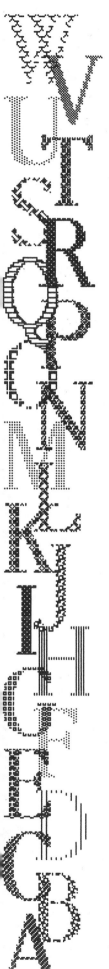

Name_____

Date_____

Some of the words on the "dictionary page" below do not belong there.
Compare all the words with the **key words**, and draw a line through every word
that does not belong.

__infancy__	__insect__
infancy	inherent
infamy	inherit
infest	heritage
infield	initial
infinite	inertial
imitate	injunction
infirmity	jury
inflatable	injure
impossible	insure
inflection	ink
invention	imp
inflexible	inkling
inform	inlaid
infraction	invade
inaction	inland
ingenious	innate
ingest	inborn
ingot	innocence
ignore	impart
ingredient	input
immediate	inquire
inhabit	inscription
habit	inspection
inhale	insert
impel	insect

They received the word with all readiness of mind,
and searched the scriptures daily, whether those things were so. Acts 17:11

© Edwin C. Myers 1985,1989   **AlphaBetter**®   Level 15: Reference Books   4 minutes

Name_____

Date_____

Some of the words on the "dictionary page" below do not belong there.
Compare all the words with the **key words**, and draw a line through every word
that does not belong.

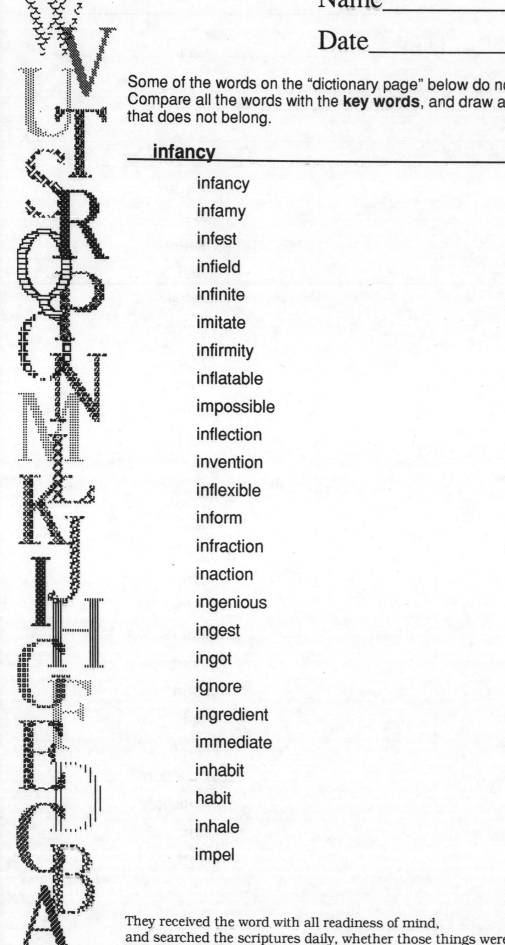

__infancy__	__insect__
infancy	inherent
infamy	inherit
infest	heritage
infield	initial
infinite	inertial
imitate	injunction
infirmity	jury
inflatable	injure
impossible	insure
inflection	ink
invention	imp
inflexible	inkling
inform	inlaid
infraction	invade
inaction	inland
ingenious	innate
ingest	inborn
ingot	innocence
ignore	impart
ingredient	input
immediate	inquire
inhabit	inscription
habit	inspection
inhale	insert
impel	insect

They received the word with all readiness of mind,
and searched the scriptures daily, whether those things were so. Acts 17:11

Write each word from the list on the left under the correct pair of **key words**.

	niche	**nondescript**
normal	_____	_____
petunia	_____	_____
whine		
nickel	**none**	**novice**
pilgrim	_____	_____
whittle	_____	_____
perspire		
whisk	**persist**	**phase**
nightfall	_____	_____
wick	_____	_____
notice		
piccolo	**pheasant**	**pillar**
width	_____	_____
phlox	_____	_____
nomad		
pester	**wheeze**	**whisper**
whirl	_____	_____
noodle	_____	_____
whiz		
phrase	**white**	**wig**
noble	_____	_____
whelp	_____	_____
pharmacy		
nourish		

Seek ye out the book of the Lord, and read . . .   Isa. 34:16

© Edwin C. Myers 1985, 1989   **AlphaBetter**®   Level 16: Reference Books   4 minutes

Name_____

Date_____

Write each word from the list on the left under the correct pair of **key words**.

niche	**nondescript**

normal

petunia

whine

none	**novice**

nickel

pilgrim

whittle

perspire

persist	**phase**

whisk

nightfall

wick

notice

pheasant	**pillar**

piccolo

width

phlox

nomad

wheeze	**whisper**

pester

whirl

noodle

whiz

white	**wig**

phrase

noble

whelp

pharmacy

nourish

Seek ye out the book of the Lord, and read . . .   Isa. 34:16

Write each word from the list on the left under the correct pair of **key words**.

	niche	**nondescript**
normal	_____	_____
petunia	_____	_____
whine		
nickel	**none**	**novice**
pilgrim	_____	_____
whittle	_____	_____
perspire		
whisk	**persist**	**phase**
nightfall	_____	_____
wick	_____	_____
notice		
piccolo	**pheasant**	**pillar**
width	_____	_____
phlox	_____	_____
nomad		
pester	**wheeze**	**whisper**
whirl	_____	_____
noodle	_____	_____
whiz		
phrase	**white**	**wig**
noble	_____	_____
whelp	_____	_____
pharmacy		
nourish		

Seek ye out the book of the Lord, and read . . .   Isa. 34:16

Write each word from the list on the left under the correct pair of **key words**.

	niche	**nondescript**
normal	_____	_____
petunia	_____	_____
whine		
nickel	**none**	**novice**
pilgrim	_____	_____
whittle	_____	_____
perspire		
whisk	**persist**	**phase**
nightfall	_____	_____
wick	_____	_____
notice		
piccolo	**pheasant**	**pillar**
width	_____	_____
phlox	_____	_____
nomad		
pester	**wheeze**	**whisper**
whirl	_____	_____
noodle	_____	_____
whiz		
phrase	**white**	**wig**
noble	_____	_____
whelp	_____	_____
pharmacy		
nourish		

Seek ye out the book of the Lord, and read . . .   Isa. 34:16

© Edwin C. Myers 1985,1989   **AlphaBetter**®   Level 16: Reference Books   4 minutes

Write each word from the list on the left under the correct pair of **key words**.

	niche	**nondescript**
normal	_____	_____
petunia	_____	_____
whine		
nickel	**none**	**novice**
pilgrim	_____	_____
whittle	_____	_____
perspire		
whisk	**persist**	**phase**
nightfall	_____	_____
wick	_____	_____
notice		
piccolo	**pheasant**	**pillar**
width	_____	_____
phlox	_____	_____
nomad		
pester	**wheeze**	**whisper**
whirl	_____	_____
noodle	_____	_____
whiz		
phrase	**white**	**wig**
noble	_____	_____
whelp	_____	_____
pharmacy		
nourish		

Seek ye out the book of the Lord, and read . . . Isa. 34:16

AlphaBetter®   Level 16: Reference Books   4 minutes

Name_____

Date_____

Write each word from the list on the left under the correct pair of **key words**.

niche	**nondescript**

normal

petunia

none	**novice**

whine

nickel

pilgrim

whittle

perspire

persist	**phase**

whisk

nightfall

wick

notice

pheasant	**pillar**

piccolo

width

phlox

nomad

wheeze	**whisper**

pester

whirl

noodle

whiz

white	**wig**

phrase

noble

whelp

pharmacy

nourish

Seek ye out the book of the Lord, and read . . .   Isa. 34:16

AlphaBetter®   Level 16: Reference Books   4 minutes

Write each word from the list on the left under the correct pair of **key words**.

niche	**nondescript**
normal	_____	_____
petunia	_____	_____
whine		
nickel	**none**	**novice**
pilgrim	_____	_____
whittle	_____	_____
perspire		
whisk	**persist**	**phase**
nightfall	_____	_____
wick	_____	_____
notice		
piccolo	**pheasant**	**pillar**
width	_____	_____
phlox	_____	_____
nomad		
pester	**wheeze**	**whisper**
whirl	_____	_____
noodle	_____	_____
whiz		
phrase	**white**	**wig**
noble	_____	_____
whelp	_____	_____
pharmacy		
nourish		

Seek ye out the book of the Lord, and read . . .   Isa. 34:16

Write each word from the list on the left under the correct pair of **key words**.

	niche	nondescript
normal	_____	_____
petunia	_____	_____
whine		
nickel	**none**	**novice**
pilgrim	_____	_____
whittle	_____	_____
perspire		
whisk	**persist**	**phase**
nightfall	_____	_____
wick	_____	_____
notice		
piccolo	**pheasant**	**pillar**
width	_____	_____
phlox	_____	_____
nomad		
pester	**wheeze**	**whisper**
whirl	_____	_____
noodle	_____	_____
whiz		
phrase	**white**	**wig**
noble	_____	_____
whelp	_____	_____
pharmacy		
nourish		

Seek ye out the book of the Lord, and read . . .   Isa. 34:16

Write each word from the list on the left under the correct pair of **key words**.

niche	**nondescript**

normal
petunia
whine

none	**novice**

nickel
pilgrim
whittle
perspire

persist	**phase**

whisk
nightfall
wick
notice

pheasant	**pillar**

piccolo
width
phlox
nomad

wheeze	**whisper**

pester
whirl
noodle
whiz

white	**wig**

phrase
noble
whelp
pharmacy
nourish

Seek ye out the book of the Lord, and read . . .   Isa. 34:16

Write each word from the list on the left under the correct pair of **key words**.

	niche	**nondescript**
normal	_____	_____
petunia	_____	_____
whine		
nickel	**none**	**novice**
pilgrim	_____	_____
whittle	_____	_____
perspire		
whisk	**persist**	**phase**
nightfall	_____	_____
wick	_____	_____
notice		
piccolo	**pheasant**	**pillar**
width	_____	_____
phlox	_____	_____
nomad		
pester	**wheeze**	**whisper**
whirl	_____	_____
noodle	_____	_____
whiz		
phrase	**white**	**wig**
noble	_____	_____
whelp	_____	_____
pharmacy		
nourish		

Seek ye out the book of the Lord, and read . . .   Isa. 34:16

Write each word from the list on the left under the correct pair of **key words**.

niche	**nondescript**
normal	
petunia	
whine	

none	**novice**
nickel	
pilgrim	
whittle	
perspire	

persist	**phase**
whisk	
nightfall	
wick	
notice	

pheasant	**pillar**
piccolo	
width	
phlox	
nomad	

wheeze	**whisper**
pester	
whirl	
noodle	
whiz	

white	**wig**
phrase	
noble	
whelp	
pharmacy	
nourish	

Seek ye out the book of the Lord, and read . . .   Isa. 34:16

© Edwin C. Myers 1985, 1989   **AlphaBetter**®   Level 16: Reference Books   4 minutes

Name _____

Date _____

Write each word from the list on the left under the correct pair of **key words**.

niche	**nondescript**
normal	_____	_____
petunia	_____	_____
whine		
nickel	**none**	**novice**
pilgrim	_____	_____
whittle	_____	_____
perspire		
whisk	**persist**	**phase**
nightfall	_____	_____
wick	_____	_____
notice		
piccolo	**pheasant**	**pillar**
width	_____	_____
phlox	_____	_____
nomad		
pester	**wheeze**	**whisper**
whirl	_____	_____
noodle	_____	_____
whiz		
phrase	**white**	**wig**
noble	_____	_____
whelp	_____	_____
pharmacy		
nourish		

Seek ye out the book of the Lord, and read . . .   Isa. 34:16

© Edwin C. Myers 1985,1989   **AlphaBetter**®   Level 16: Reference Books   4 minutes